Christina Stöger

Erzählungen

Für meinen Mann, meine Mama und meinen Papa.

Ohne euch wäre ich nicht so, wie ich bin.

Danke für alles.

Geschichten

unterm

Regenschirm

von

Christina Stöger

KELEBEK VERLAG

Impressum

Illustrationen: Bianca Barth
Cover: Lillith Korn www.helfeelfe.de
Bildherkunft: Bigstock. Nr.: 95575217, 145977758, 165470789, 91785005, 2228444, 56684273.
Lektorat: Martina Suhr www.arslitura.de
Kelebek Verlag Inh. Maria Schenk Franzensbaderstr. 6
86529 Schrobenhausen www.kelebek-verlag.de
ISBN 978-3-947083-00-8
Druck und Vertrieb BoD
Bibliografische Information der Deutschen Nationalbibliothek
Die Deutsche Nationalbibliothek verzeichnet diese Publikation in der Deutschen Nationalbibliografie; detaillierte bibliografische Daten sind

im Internet über http://dnb.d-nb.de abrufbar.

Inhaltsverzeichnis

Umbri, der Regenschirm

Mein Name ist Umbri und ich bin ein Regenschirm. Hört mir zu, dann erzähle ich euch meine Geschichte und die meiner Freunde. Ihr wundert euch sicher, dass ich sprechen und euch von meinem Abenteuer erzählen kann, stimmt's? Ja, mich wundert das auch, das könnt ihr mir glauben. Normalerweise können Gegenstände nämlich nicht sprechen. Nur manchmal passiert es, dass Dinge zum Leben erwachen und die Menschen sie hören können. Dazu braucht es viel Fantasie und ein reines Herz voller Liebe, Licht und Vertrauen.

* * *

Zu dem Zeitpunkt, als meine Geschichte begann, befand ich mich in einer großen, zugigen Halle, zusammen mit ganz vielen anderen Schirmen. Ich spürte das harte Gummi der Transportbänder unter meinem hölzernen Rücken und hörte die tiefen Stimmen der Männer, die uns ›betreuten‹. Nun, sagen wir mal, sie waren so etwas wie Geburtshelfer. Wobei man bei Regenschirmen weniger von Geburt, als von Produktion spricht.

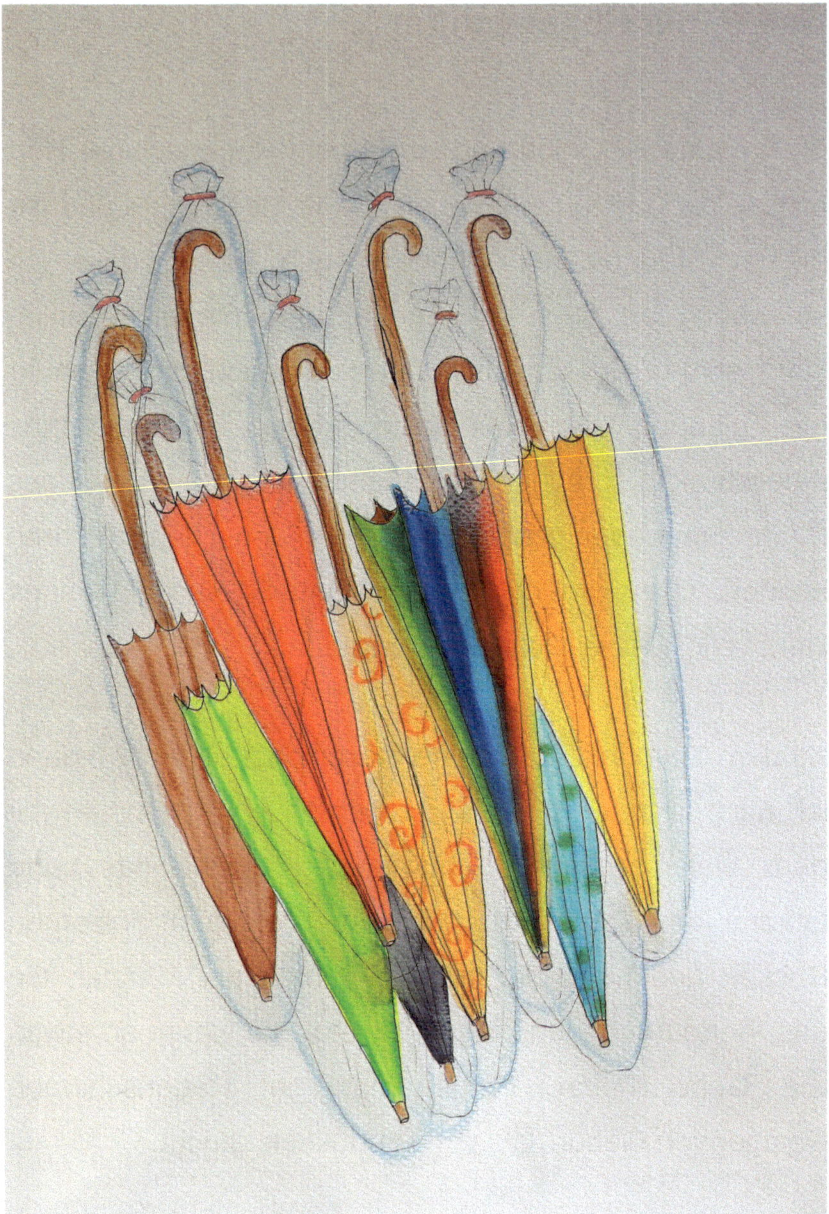

Einfach ausgedrückt: Sie stellten uns her. Immer wieder konnte ich ein Wort ganz genau verstehen: ›Umbrella‹. Ich wusste intuitiv, dass dieses Wort ›Regenschirm‹ bedeutete und beschloss daher, dass dies wohl mein Name war. Menschen brauchen für alles Namen und so hatte ich nun auch einen. ›Umbrella‹, klingt doch wirklich schön, oder? Allerdings war er mir zu lang. Daher wählte ich den Spitznamen ›Umbri‹.

Natürlich wisst ihr, wie ein Regenschirm aussieht und habt ganz bestimmt auch einen bei euch zu Hause. Ich jedenfalls bestehe aus einem langen Stock, an dem die Männer mir acht Streben befestigten. Sozusagen meine Arme. Darüber wurde ein buntes Dach aus dickem, wasserdichtem Stoff gespannt, das den Regen abhalten soll. Ich fühlte mich wirklich sehr schön und hätte sofort meine Aufgabe als Schirm aufnehmen können, doch die Männer hatten andere Pläne. Ich wurde wieder zusammengefaltet, bekam eine durchsichtige Hülle aus Plastik über mich gestülpt und wurde, mit tausend anderen meiner Sorte, die ebenso aussahen wie ich, über ein Fließband geschoben. Nach und nach landeten wir, einer nach dem anderen, in einem Pappkarton. Dicht an dicht lag ich zusammen mit meinen Brüdern und Schwestern in der Finsternis und wartete darauf, was mit uns geschehen sollte. Der Karton wurde geschlossen, hochgehoben und auf einen Wagen geladen. Durch einen kleinen Schlitz im Deckel des Kartons, konnte ich all das erkennen. Doch plötzlich wurde es dunkel um mich herum und die lange Reise begann. Innerlich angespannt, versuchte ich, es mir so bequem wie möglich in dieser Kiste zu machen. Ich wusste schließlich nicht, wie lange ich hier liegen musste, bevor ich endlich meine Arbeit als Regenschirm aufnehmen konnte.

»Aua!«, hörte ich plötzlich ein helles Stimmchen neben mir. »Mach dich doch nicht so breit«, maulte ein anderer Schirm.

Ich erschrak. Auch dieser konnte sprechen? War ich doch nicht so besonders, wie ich dachte? Das musste ich wissen. Daher drehte ich mich ein Stückchen zur Seite und sagte in die Richtung, aus der ich die Stimme vermutete: »Hallo? Kannst du mich verstehen? Mein Name ist Umbri und ich bin ein Regenschirm. Du auch?«

»Ach nee. Natürlich bist du das. Was sonst? Hier liegen nur Regenschirme herum. Klar bin ich auch einer, du Schlaumeier. Mein Name ist Bella.«
Im ersten Moment war ich so baff, dass ich nichts antworten konnte.
»Was ist los? Hat es dir die Stimme verschlagen, Umbri?«, fragte Bella, dieses Mal jedoch etwas netter.
»Ich, ähm, nein«, stotterte ich verlegen, bis mir einfiel, dass sie vorhin »aua« gesagt hatte. Ich erinnerte mich an meine guten Manieren, die ich zweifellos besaß, und fragte: »Bella, was ist los mit dir? Tut dir was weh?«
»Danke der Nachfrage. Ja, ich habe mir den Kopf an der dummen Schachtel angestoßen. Das tut voll weh, aber bis wir angekommen sind, ist es bestimmt verheilt.«
Bella schien echt nett zu sein. Wusste sie, was uns erwartete? Wo wir hingebracht wurden? Woher? Genau das fragte ich sie und sie kicherte leise.
»Nein, Umbri. Das weiß ich nicht. Aber irgendwann müssen sie uns ja wieder aus dieser Kiste holen, oder? Schließlich sind wir nicht dafür hergestellt worden, um hier herumzuliegen.«

Nun musste ich auch lachen. Irgendwie logisch. »Ich träume davon, meine Arme weit über einem Menschen ausstrecken zu können und ihm Freude und Farbe in sein Leben zu bringen«, fuhr sie mit sehnsuchtsvoller Stimme fort.

Ich nickte. »Oh, ja. Davon träume ich auch. Erzähl mir, wie du aussiehst, Bella. Ich kann dich nicht sehen«, flüsterte ich und rutschte ein Stück näher an Bella heran. Man konnte schließlich nie wissen, ob uns die anderen Regenschirme nicht auch belauschen konnten. Falls dem so war, waren es zumindest schweigsame Schirme, denn keiner von ihnen meldete sich zu Wort.

»Ich bin aus Holz. Also zumindest mein Stock. So wie bei dir, vermute ich. Mein Dach dagegen ist pinkfarben. Daher weiß ich auch, dass ich ein weiblicher Schirm bin.«

Erneut musste ich lachen. Bestechende Logik war ihr wohl angeboren, ähm, bei der Herstellung mitgegeben, meinte ich. »Das klingt schön. Ja, du hast recht. Auch mein Stock ist aus Holz. Ansonsten habe ich ein buntes Dach, bestehend aus allen Farben, die ich mir vorstellen kann.«

Flüsternd unterhielten wir uns eine Zeit lang über unsere Wünsche und Träume, die wir in Freiheit erwarteten. Wir malten uns aus, wie wir die Menschen vor dem Regen schützten und fröhlich durch die trüben Herbsttage tanzen würden.

* * *

Irgendwann mussten wir wohl eingeschlafen sein, denn plötzlich bebte der Karton und wir schreckten hoch. Irgendwas war anders. Waren wir angekommen? Im schmalen, hellen Lichtstreifen, der durch den Schlitz, im Deckel des Kartons fiel, konnte ich Bellas Umrisse erkennen und spürte, wie sie zitterte. Ob vor Freude oder Angst, konnte ich nicht sagen. Noch bevor ich sie fragen konnte, wurde der Karton gänzlich geöffnet und ein helles Licht erstrahlte.

»Die Freiheit, die Freiheit!«, riefen die anderen Schirme lautstark, als einer nach dem anderen aus dem Karton gehoben wurde und ich erkannte, dass sie wohl doch nicht so stumm waren, wie ich anfänglich dachte.

* * *

Einige Zeit später hingen Bella und ich, zusammen mit vielen anderen Schirmen, an großen Stangen dicht an dicht in der Mitte eines Regals. Von meiner Position aus konnte ich einen Teil der Umgebung erkennen. Ein älterer Schirm, der hier wohl schon etwas länger hing, informierte uns auf Nachfrage, dass wir uns in einem Kaufhaus befanden. Zumindest hatte man uns die nervigen Plastiküberzieher entfernt. Dennoch konnten wir unsere Arme noch immer nicht ausbreiten. Jetzt hieß es wieder warten.

Tagsüber verhielten wir uns vollkommen ruhig, hingen an unseren Stangen herum und langweilten uns. Erst, wenn die Nacht kam und die Lichter des Kaufhauses gelöscht wurden, diskutierten wir lautstark über unser Schicksal, veranstalteten manchmal Ratespiele, aber immer öfter waren wir einfach nur ruhig. Das Warten zerrte an unseren Nerven.

»Das soll die Freiheit sein?«, fragte Bella, die genau neben mir hing, eines Abends kurz nach Geschäftsschluss und riss mich damit aus meinen trüben Gedanken. »Die Freiheit, dass ich nicht lache! Hier ist es langweilig, staubig und die Zeit vergeht einfach nicht«, maulte der wunderschöne, pinkfarbene Regenschirm.

Ich musste ihr zweifellos zustimmen. Wie lange wir hier schon hingen, konnte ich nicht sagen, doch in der Zwischenzeit waren bereits einige der kleinen, handlichen Schirme in die Freiheit entlassen worden. Bella und ich hingegen gehörten zu der großen Sorte. Uns konnte man nicht so einfach in die Handtasche stecken.

»Ich habe meine Träume schon längst aufgegeben, Umbri. Ob wir jemals hier herauskommen?« In ihrer Stimme lag so viel Verzweiflung, dass ich gerne meine Arme über sie gebreitet und sie beschützt hätte. Doch das konnte ich ja nicht.

»Ach, Bella«, sagte ich daher seufzend. »Warten wir es ab. Irgendwann wird auch unsere Zeit kommen. Noch ist es Sommer. Sieh nur aus dem Fenster.« Ich drehte mich ein Stück und konnte aus der verschmierten Scheibe einen Blick auf die Straße erhaschen. Noch immer war es hell draußen. »Die Sonne scheint fast jeden Tag. Die Menschen haben keine Verwendung für uns.«

»Da hat dein Freund recht«, meldete sich plötzlich eine dunkle Stimme hinter uns. Ein schwarzer Schirm, der vorher noch nie ein Wort mit uns gesprochen hatte, blickte uns nun an. Er sah sehr alt aus. »Ich hänge hier bereits seit Jahren und habe viele von uns kommen und gehen sehen. Die Menschen sind wählerisch, wisst ihr. Sie wollen modische Schirme. Oder auch bunte. Jedenfalls keine schwarzen wie mich.« Er seufzte schwer. »Wartet ab, ihr zwei. Wenn der Winter kommt und die Menschen Farbe in ihrem Leben brauchen, dann werden sie euch beachten. Es wird eine Zeit kommen, die nennt man Weihnachten. Draußen wird es dann kalt und dicke, weiße Flocken fallen vom Himmel. Ich konnte das bereits mehrere Male beobachten. In dieser Zeit des Jahres werden viele von uns gekauft. Na, zumindest die farbenfrohen. Also lasst den Kopf nicht hängen und vergesst niemals eure Träume. Irgendwann kommt eure Zeit und ihr werdet gebraucht.« Erneut seufzte der schwarze Schirm, drehte sich herum und schloss seine Augen. Wenig später hörte ich ein leises Schnarchen. Er war eingeschlafen.

»Dann gibt es doch noch Hoffnung für uns«, freute sich Bella leise und ich war froh darüber.

»Ja, die gibt es immer«, bestätigte ich. »Wir müssen nur lernen zu warten und geduldig sein.

Lass uns auch versuchen zu schlafen. Dann vergeht die Zeit schneller«, schlug ich ihr vor und sie stimmte zu. Mit einem seligen Lächeln schlief Bella wenig später ein.
Es mussten wohl tatsächlich mehrere Monate vergangen sein, als plötzlich ein aufgeregtes Raunen durch die Menge ging. Hatten wir wirklich so lange geschlafen? Ich öffnete meine Augen und war sofort hellwach.
»Draußen schneit es!«, rief ein Schirm, der direkt am Fenster hing. »Bald ist Weihnachten. Ich kann bereits die vielen hellen Lichter sehen, die überall hängen und die Dunkelheit vertreiben sollen«, freute sich der Schirm und auch meine Aufregung stieg.
»Na endlich«, freute sich Bella und wir reckten und streckten uns, damit man uns nicht übersah, als die Lichter des Kaufhauses angingen. Wie immer strömten auch jetzt viele Menschen herein. Ich konnte sie genau sehen und mir fiel sofort auf, dass sich die Kleidung geändert hatte. Trugen sie damals noch bunte Kleidchen oder kurze Hosen, hatten sie sich nun in dicke Jacken oder Mäntel gehüllt. Doch die Geschäftigkeit war geblieben. Sie strömten an uns vorbei, fuhren mit der Rolltreppe, die unserer Ecke gegenüberlag, in den

nächsten Stock und beachteten uns noch immer nicht. Nur ab und zu wurde ein Schirm der kleinen Sorte im Vorbeigehen geschnappt und in die Freiheit entlassen. Es wurde Abend. Die Lichter erloschen wieder. Wir sackten in uns zusammen. Ich bemerkte die Traurigkeit, die Bella bedrückte.

»Sie wollen uns noch immer nicht«, schniefte meine Freundin und auch ich fühlte mich traurig. Doch ich riss mich zusammen, wollte stark sein. Für sie.

»Warte ab«, raunte ich ihr zu. »Bald wird uns jemand die Freiheit schenken. Dann können wir unsere Arme ausbreiten und im Regen tanzen. Verliere nie die Hoffnung.«

»Ja, irgendwann vielleicht, Umbri. Und bis es soweit ist, machen wir es uns einfach gemütlich, hängen ein bisschen herum und genießen die Aussicht. Was sollen wir auch sonst machen?«

Nun musste ich lächeln. Ihre Logik war noch immer sehr bestechend.

* * *

Die Tage der Vorweihnachtszeit verstrichen quälend langsam, doch immer mehr Menschen interessierten sich

für uns. Nach und nach wurden unsere Freunde von ihren Plätzen genommen und einer nach dem anderen in die Freiheit entlassen. Alle freuten sich riesig und wir wünschten ihnen ein schönes, erfülltes Leben. Selbst der schwarze Schirm, der bereits leicht verstaubt war, fand einen Besitzer. Seine Freude war noch größer als die der anderen und Bella und ich freuten uns sehr mit ihm.
»Bald wird auch eure Zeit kommen«, rief er uns noch zu, bevor er komplett aus unserem Leben verschwand.

* * *

Er sollte recht behalten. Der Tag, der unser Leben veränderte, begann eigentlich wie immer, doch ein ganz besonderer Zauber lag in der Luft. Es war Weihnachten. Der Vormittag des Heiligen Abends. Heute war das Kaufhaus nur bis mittags geöffnet und die Menschen, die kurz nach Ladenöffnung hereinströmten, noch eine Spur hektischer als sonst. Leise Musik dudelte aus dem Lautsprecher, wie bereits seit mehreren Wochen, doch zum ersten Mal fiel sie mir bewusst auf. Ja, heute war definitiv irgendetwas anders.
»Da, sieh mal, die zwei Menschen dort hinten«, flüsterte mir Bella aufgeregt zu. Es war das erste Mal, dass sie

während der Ladenöffnungszeiten überhaupt sprach. Verwundert drehte ich mich ein Stückchen zu ihr herum und blickte in die Richtung, die sie mit ihrem Knauf andeutete. »Die zwei habe ich vorhin schon mal gesehen. Sie sind am Fenster vorbeigelaufen. Draußen«, zischte Bella. Was wollte sie mir damit sagen? Sie deutete meinen fragenden Blick richtig und fuhr fort: »Ich habe das Gefühl, dass sie uns befreien werden. Sie werden unsere Menschen werden. Ich kann dir nicht sagen, woher ich das weiß, aber es ist so«.

Ihre Aufregung war ansteckend. Ich wollte ihr nur zu gern glauben. Wir waren so ziemlich die letzten großen Schirme, die noch an den Ständern hingen. Es wurde wirklich Zeit zu gehen.

Und tatsächlich. Hand in Hand schlenderte das Pärchen auf uns zu. Sie verhielten sich ganz anders als die anderen Menschen. Der Mann und die Frau sahen zufrieden und glücklich aus, als sie vor unserem Regal stehen blieben und uns eingehend betrachteten.

»Na, Schatz, welchen Schirm wünschst du dir zu Weihnachten? Ist hier einer dabei, der dir gefällt? Die Auswahl ist ja nicht mehr so groß«, fragte er seine Frau, die neben ihm stand, und streckte seine Hand in meine Richtung aus. *Oh ja! Bitte, nimm mich mit*, flehte ich in Gedanken.

»Du hast genau den richtigen ausgewählt, Liebling. Keinen anderen hätte ich gewollt. Dieser hier ist etwas ganz Besonderes«, sagte die Frau und griff nach mir. Ein Glücksgefühl durchströmte mich und ich hätte vor Freude laut aufschreien können. Doch dann fiel mein Blick auf Bella, die ich nun verlassen musste und meine Freude zerplatzte, wie eine Seifenblase im Wind. Freiheit? Bella? Was war mir wichtiger? Hätte ich wählen können, hätte ich mich in diesem Augenblick für meine Freundin entschieden. Doch es lag nicht in meiner Macht. Ich sah die Trauer in ihren Augen und mein Herz war kurz davor zu zerbrechen.

»Und, was ist mit diesem hier?«, fragte die Frau plötzlich und griff nach Bella. »Ich glaube, den nehmen wir auch noch mit. Sieh nur, dieser Schirm wäre sonst ganz alleine. Ein Wunder, dass ihn noch keiner gekauft hat. Er ist so wunderschön.«

Ich traute meinen Ohren kaum. Gut, Schirme haben keine Ohren und dennoch konnte ich jedes Wort verstehen. Erneut betete ich zum Gott der Schirme – wenn es so jemanden überhaupt gab – und flehte, dass der Mann zustimmen würde.

»Aber, Nadja. Schirme haben keine Seele. Sie sind nicht allein. Es ist dem pinkfarbenen Schirm vollkommen egal, ob er hier bleibt oder wir ihn kaufen. Wenn wir es nicht tun, dann wird er irgendwann reduziert und irgendwer wird ihn schon nehmen. Sie sind ja nicht gerade billig.«

Nein! Du irrst dich, hätte ich am liebsten gebrüllt, doch ich wusste genau, er würde mich nicht verstehen können. Daher blieb ich stumm und hoffte auf ein Wunder.

»Nein, Stephan. Ich glaube, da irrst du dich. Lass uns beide mitnehmen, okay? Ich wünsche sie mir zu Weihnachten. Und wenn wir zusammen durch den Schnee nach Hause spazieren, dann hat jeder von uns so einen prachtvollen Schirm. Was hältst du davon?«

»Schöne Vorstellung, Liebling. Also nehmen wir sie beide mit. Vielleicht bekommen wir ja Rabatt?«, antwortete der Mann lächelnd und zwinkerte seiner Frau zu.

Ich hätte in diesem Augenblick die ganze Welt umarmen können. Mein Traum wurde wahr. Bella und ich würden zusammenbleiben, gemeinsam durch den Regen tanzen

und Farbe in den trüben Alltag zaubern. Ich war unsagbar glücklich. Nachdem wir vier gemeinsam den Laden verlassen hatten, packte die Frau mich aus der Tüte, öffnete den Klettverschluss und drückte mich ihrem Mann in die Hand. Danach nahm sie Bella heraus.

Ihren Mann angrinsend, zählte sie bis drei und gleichzeitig drückten sie auf die Knöpfe, um uns zu öffnen. Synchron breiteten Bella und ich unsere Arme aus und genossen das wundervolle Gefühl der Freiheit. Die Schneeflocken fielen auf mein buntes Dach und kitzelten mich. Auch Bella erging es ähnlich, denn ich konnte ihr leises Lachen hören.

Gemeinsam tanzten wir durch die hell erleuchtete Innenstadt und bewunderten das bunte Farbenmeer unserer Freunde. Jeden, den wir sahen, grüßten wir freundlich und lächelten ihm zu. Und beinahe alle grüßten zurück. Das Warten hatte sich eindeutig gelohnt.

Ein Regenwurm sucht das Abenteuer

Es war ein verregneter Nachmittag. Die Wolken ballten sich über der Stadt. Ein Gewitter zog herauf. Das war die Zeit, als Patrik das Licht der Welt erblickte. Er krabbelte, zusammen mit all seinen Geschwistern, aus einem Kokon und reckte und streckte sich. Die letzten zwanzig Tage waren ganz schön langweilig gewesen. Unter der Erde, in seinem Zuhause, war es dunkel und feucht. Echt ungemütlich, doch Regenwürmer mögen so etwas, hatte er von seinen Eltern gelernt. Vollkommen gelangweilt, begann er, Pflanzenreste zu fressen. Fressen, Verdauen, Schlafen – so vergingen die Tage und er wurde immer dicker und länger.

* * *

Doch Patrik war kein normaler Regenwurm. Im Schlaf träumte er davon, wie es an der Oberfläche wohl aussah. Er stellte sich vor, wie er seinen kleinen Rucksack packen und die Welt erobern wollte. Bestimmt gab es irgendwo dort draußen ganz viele Abenteuer zu erleben und er saß hier fest und wurde immer dicker und

traurigger. Das konnte nicht der Sinn des Lebens sein. Jedenfalls nicht seiner.
So beschloss er eines Abends, den Kopf aus der Erde zu stecken und sich umzuschauen. Die Helligkeit verunsicherte ihn. Man hatte ihm erklärt, dass Regenwürmer nachtaktiv seien und nur bei Regen an die Oberfläche kriechen. Auch seine Geschwister, Freunde und Verwandten, die mit ihm in der Erde lebten, machten das so. Doch er war eben anders.
Die Sonne war bereits untergegangen, jedoch noch immer war es so hell, dass er alles genau sehen konnte. Staunend blickte er umher. Hier gab es keine dunklen Gänge, durch die er sich zwängen musste, sondern unendliche Weite, saftige Grashalme und riesige Blumen. Sie lebten und verbreiteten einen wundervollen Duft. Patrik kannte diese Dinge nur tot und abgestorben, wenn er sie fraß. Eine tiefe Sehnsucht machte sich in ihm breit. Er wollte mehr erleben.
»Hey, du. Wer bist du und was machst du hier?«, fragte ihn eine Stimme. Patrik drehte sich flink herum. Schemenhaft konnte er eine Gestalt neben sich erkennen, die so ganz anders aussah als er selbst.

»Hi, ich bin Patrik, ein Regenwurm. Und wer bist du?« Seine Neugier war geweckt und das Tier neben ihm schien nicht böse zu sein.
»Ich bin eine Schnecke und heiße Chrissy.«
»Eine Schnecke?«, fragte Patrik. »Frisst du auch Gras wie ich? Wo wohnst du?«
Die Schnecke lachte. »Ich wohne in meinem Haus. Sieh nur, ich trage es auf meinem Rücken und nehme es überall mit hin.«
»Oh, das ist aber praktisch«, staunte Patrik. »Ich lebe unter der Erde. Aber dort ist es so langweilig und die doofen Pflanzenreste mag ich auch nicht mehr fressen. Ich will die Welt sehen«, erklärte der Regenwurm freudig. »Kennst du die Welt? Weißt du, wo ich hin muss, um Abenteuer zu bestehen?« Patrik war so aufgeregt, dass er viel zu schnell sprach.
»Langsam, mein Freund. Ganz langsam. Ich bin eine Schnecke und habe keine Eile. Die Welt, ja? Die willst du entdecken?« Die Schnecke stockte und überlegte. »Die kenne ich nicht. Ich bin so langsam, dass ich nur wenige Meter am Tag vorankomme«, fuhr sie endlich fort, als Patrik bereits unruhig wurde. Ihm ging das alles viel zu

langsam. »Sieh mal dorthin«, forderte ihn die Schnecke lächelnd auf und zeigte mit ihren Fühlern in die Richtung, aus der sie gekommen war. »Mein Weg begann dort drüben, am anderen Ende des Grüns. Kannst du das sehen? Vor sehr langer Zeit machte ich mich auf den Weg. Aber ich muss dich warnen: Es gibt viele Gefahren.« Chrissy hatte so lange gesprochen, dass sie nun ganz außer Atem war.

»Ach was, Gefahren ...!«, wehrte Patrik ihre Ausführungen überheblich ab. »Ich will etwas erleben. Gleich morgen mache ich mich auf den Weg. Heute bin ich zu müde und muss mir erst einen Plan überlegen. Aber ich danke dir für deine Hilfe«, verabschiedete er sich und zog den Kopf wieder in den Komposthaufen. Er war ganz aufgeregt, an Schlaf war kaum zu denken. Noch dazu, da er als Regenwurm ja eigentlich nachtaktiv war. Doch besondere Umstände erfordern besondere Maßnahmen. Seine Sehnsucht nach Abenteuern war so groß und er war so klein. Er wollte es unbedingt. Doch dazu musste er fit und ausgeruht sein, wenn er sich in den frühen Morgenstunden des nächsten Tages auf den Weg machen wollte. Was es dort wohl alles zu entdecken gab? Er rollte sich zusammen und träumte vom anderen Ende der Welt.

* * *

Als Patrik erwachte, war er voller Tatendrang. Er reckte sich ausgiebig, sofern das in der dunklen Erde möglich war, und begann seinen mühsamen Abstieg vom Hügel. Der Himmel war wolkenverhangen und feiner Nieselregen erfüllte die Luft. Patrik freute sich, denn bei Regen war es normal, dass die Würmer die Erde verließen. Also fiel seine Abwesenheit niemandem auf. Da Regenwürmer nicht besonders flink waren, dauerte sein Abstieg einige Zeit. Doch irgendwann hatte er den Boden erreicht und blickte sich erstaunt um. Es standen so viele grüne Grashalme um ihn herum, dass er das andere Ende der Welt gar nicht mehr sehen konnte. Allerdings wusste er ungefähr die Richtung. Er gähnte herzhaft. Diese Reise war doch anstrengender, als er gedacht hatte. Bleierne Müdigkeit überkam ihn und sein Magen brummelte. Patrik musste unbedingt etwas fressen und sich ausruhen. Von dem frischen Grün traute er sich noch nicht zu probieren. Doch ganz in der Nähe fand er ein abgestorbenes Blatt, knabberte hungrig daran

herum und verkroch sich wenig später, knapp unter der feuchten Erde, um zu schlafen.

Einige Zeit später kroch er weiter. Mal über die Erde, mal knapp darunter. Die Schnecke hatte gesagt, dass er vorsichtig sein sollte und so traute er sich nur früh am Morgen oder spät am Abend an die Oberfläche. Mittlerweile vermisste er seine Familie und nicht nur einmal dachte er daran, wieder zurückzukriechen. Doch er traute sich nicht. Was sollte er ihnen sagen? Sie würden ihn auslachen und ihn einen Angstwurm nennen. Wenn er irgendwann wieder erhobenen Hauptes in seinem Komposthaufen auftauchen wollte, dann brauchte er eine spannende Geschichte, die er den anderen erzählen konnte.

Also kroch er weiter, bis er eines Abends ein paar winzige Tiere traf, die eilig hin und her liefen.

»Hallo. Wer seid ihr? Ihr seid ja so klein?«, fragte er sie, so mutig er konnte.

»Wir sind Ameisen«, ertönte es im Chor.

»Ameisen? Was macht ihr denn so? Ich bin auf der Suche nach Abenteuern und dem Ende der Welt. Wisst ihr, wo ich hin muss?«, stellte er seine Frage, doch die kleinen Tiere rannten einfach weiter und beachteten ihn nicht.

»Hallo? Warum seid ihr so unfreundlich?« Patrik war traurig und wollte sich bereits wieder abwenden, als einige Ameisen ihm zuriefen: »Keine Zeit, keine Zeit. Wir müssen immer viel arbeiten, Nahrung heranschaffen, Kinder versorgen.«

»Oh«, staunte Patrik. »Das ist aber auch kein Leben, oder? Habt ihr noch nie Abenteuer erlebt?«

»Abenteuer? Was ist das?«, fragte eine Ameise und blieb vor ihm stehen. Sie war etwas größer als die anderen.

»Ihr rennt den ganzen Tag nur herum und schafft Fressen heran. Ist das der Sinn eures Lebens?«, fragte der Wurm nachdenklich.

»Ja, natürlich. Dafür sind wir auf der Welt. Wir erschaffen alles gemeinsam. Eine einzelne von uns ist schwach und kann leicht sterben. Aber zusammen sind wir stark. Sieh mal, was meine Freunde und ich gerade machen.« Die Ameise zeigte auf eine Gruppe von Tieren, die einen riesigen Käfer transportierten.

»Wow. Das ist toll«, staunte Patrik. So etwas hatte er noch nie gesehen. Regenwürmer waren eher

Einzelgänger. Gerade, als er der Ameise das erzählen wollte, drehte diese sich weg und war sofort in einer Gruppe verschwunden.

»Dann noch viel Erfolg«, rief Patrik ihr hinterher und zog nachdenklich weiter. Ob er das seiner Regenwurmfamilie erzählen sollte? *Gemeinsam ist man stärker als alleine*. Die nächsten Stunden, in denen er so vor sich hin kroch, dachte er darüber nach und sogar im Schlaf verfolgte ihn dieser Gedanke.

* * *

Am nächsten Morgen erwachte Patrik mit dem komischen Gefühl im Bauch, dass heute ein besonderer Tag werden würde. Er hatte länger geschlafen als sonst. Die Sonne stand bereits einige Zentimeter über dem Horizont. Als er den Kopf aus der Erde steckte und sich umsah, bemerkte er, dass es viel wärmer als in den vergangenen Tagen war. Wo war er überhaupt? Wie weit konnte es noch bis zum Ende der Welt sein? Er hatte sich verirrt, ganz bestimmt. Überall sah es gleich aus und er wusste nicht, wohin er sich wenden sollte.

»Ich muss mir einen Überblick verschaffen«, sagte Patrik leise zu sich selbst. »Aber wie mache ich das nur?«

Weit und breit gab es niemanden, den er hätte fragen können. Doch plötzlich fiel sein Blick auf eine große, gelbe Blume. Er hatte so eine schon einmal gesehen, doch noch nie hatte er sich getraut, bis auf ihr Blütendach zu kriechen. »Heute werde ich es tun«, sprach er sich selbst Mut zu. »Von oben sehe ich sicher mehr als von hier unten.«

So eine Blume war zwar schwieriger zu ersteigen als ein Komposthaufen, doch nach einiger Anstrengung hatte er es geschafft. Und tatsächlich, von hier aus hatte er einen wundervollen Ausblick über die gesamte Grünfläche. Patrik sah noch weitere gelbe Blüten ganz in seiner Nähe und war begeistert. Er wusste, dass er nicht mehr lange auf seinem Aussichtsplatz bleiben konnte. Die Sonne machte ihm schon jetzt schwer zu schaffen. Es war viel zu hell und zu warm für einen Regenwurm.

Gerade, als er sich noch ein Stückchen weiter in den Himmel reckte, um noch etwas mehr sehen zu können, verdunkelte ein großer Schatten die Sonne. Was war das? Patrik bekam schreckliche Angst.

»Ah, mein Futter«, hörte er plötzlich eine kreischende Stimme und erstarrte. Ein Vogel! Vögel fraßen Tiere wie ihn. Davor hatte man ihn gewarnt. »Die Vögel sind unsere größten Feinde. Nimm dich vor ihnen in Acht«, hatten seine Eltern ihm erklärt. Damals, als er in seinem Komposthaufen lebte und die Welt noch nicht kannte. »Wenn du einen Vogel siehst, dann verschwinde ganz schnell in der Erde und grabe dich so tief wie möglich ein«, hatten sie ihm geraten. Doch hier war keine Erde. Er saß mitten auf einer Blüte und der Vogel kam immer näher. *Das ist mein Ende*, dachte Patrik und zitterte am ganzen Leib. Nie wieder würde er seine Familie und Freunde sehen, nie das Ende der Welt erreichen. Mutlos sank er in sich zusammen.

»Hey, du Wurm«, hörte er erneut die kreischende Stimme des Vogels. »Warum kriechst du nicht weg? Bist du krank? Hast du gar keine Angst vor mir?« Das gefiederte Tier schwebte neugierig über ihm und wusste scheinbar nicht so recht, ob er weiter mit Patrik diskutieren, oder ihn lieber gleich fressen sollte.

»Ich … was … ich kann nicht«, bibberte Patrik starr vor Schreck.

»Du kannst nicht? Was bist du denn für ein komischer Wurm? Ist mir aber auch egal. Ich werde dich nun zu

meinen Kindern bringen. Die warten auf mich und haben Hunger«, beendete der Vogel die Unterhaltung und öffnete seinen Schnabel.

»NEIN!«, schrie Patrik. »Ich bin doch noch so jung! Friss mich nicht!« Doch da hatte der Vogel schon zugepackt.

»Meine Kinder sind auch jung. Und hungrig. Da kann ich keine Rücksicht nehmen«, nuschelte der Vogel mit Patrik im Schnabel. Gerade, als er sich wieder in die Lüfte erheben wollte, verdunkelte erneut ein Schatten die Sonne. Dieses Mal noch größer und furchteinflößender.

»Oh nein!«, rief der Vogel nun seinerseits in Panik. »Ein Hund. Ich hasse Hunde. Die jagen Vögel wie mich.« Bei diesen Worten öffnete sich sein Schnabel und Patrik nutzte die Gelegenheit, um sich auf den rettenden Boden fallenzulassen. Vollkommen benommen blieb er liegen, die kühle Erde unter seinem Körper spürend.

»Hast du ein Glück! Das nächste Mal lasse ich dich nicht entkommen ...«, schrie der Vogel wütend und erhob sich zeternd in die Lüfte. Patrik, der noch immer vor Angst wie gelähmt war, blieb einfach im Gras liegen, als das rie Wesen, das der Vogel als Hund bezeichnet hatte, g nah vor ihm stand und ihn beschnupperte. Fraßen H

Regenwürmer? Patrik wusste es nicht, doch er hoffte sehr, dass er verschont wurde.

»Oh, ein Regenwurm«, sagte der Hund freundlich. »Keine Angst, ich fresse dich nicht. Du bist mir viel zu klein. Aber was machst du hier an der Oberfläche? Es regnet doch gar nicht. Du solltest unter der Erde sein«.

Patrik hob zitternd den Kopf. Da war nun sein Abenteuer, das er sich so sehr gewünscht hatte.

»Ich wollte die Welt erkunden«, sagte er leise und der Hund lachte bellend.

»Die Welt erkunden? Oh, kleiner Wurm, das wirst du nie schaffen. Du bist schließlich kein Hund. Selbst ich kenne nicht viel von der Welt und ich bin viel größer als du. Also vergiss einfach dein Vorhaben, krieche in die Erde zurück und sei froh, dass ich dir das Leben gerettet habe.« Er schüttelte sich, drehte sich herum und ließ einen nachdenklichen Regenwurm zurück.

»Nun aber schnell, komm!«, rief plötzlich eine piepsige Stimme, die Patrik aus seinen Gedanken riss. Seinem inneren Gefühl vertrauend, folgte ihr Patrik unter die Erde. Als sich die Dunkelheit um ihn schloss, atmete er erleichtert auf. Er war gerettet.

»Wie kann man nur so leichtsinnig sein?«, schimpfte die helle Stimme, der er gefolgt war.
Patrik erkannte einen anderen Regenwurm, der ihn fragend musterte.
»Du kannst doch nicht einfach so am Tage auf eine Blume kriechen. Du hättest gefressen werden können.« Die Stimme seufzte. »Aber das bist du ja zum Glück nicht. Ich heiße Bibi und bin ein Regenwurmmädchen.« Sie kicherte und schob ihm ein halbverwestes Blatt zu. »Jetzt friss erst mal etwas und ruh dich aus. Danach erzählst du mir alles, okay?«
Patrik war Bibi sehr dankbar und befolgte ihren Vorschlag. Als er sich gestärkt und von seinem Schock erholt hatte, erzählte er ihr seine ganze Geschichte. Bibi staunte nicht schlecht und er fühlte, dass sie ihn bewunderte.
»Das Ende der Welt kann ich dir nicht bieten, doch ich kann dir meine kleine Welt hier unten zeigen«, schlug sie ihm vor und Patrik freute sich.
»Gemeinsam sind wir stärker«, sagte er zu ihr und verknotete seinen Schwanz mit ihrem.

»Da hast du recht, Patrik«, erwiderte Bibi und Freude klang in ihrer Stimme mit.

* * *

So geschah es, dass Bibi ihm ihre Welt unter der Erde zeigte und ihm beibrachte, dass es dort auch viel zu sehen und zu entdecken gab. Jede Nacht erlebten sie kleine Abenteuer und Patrik war glücklich. Irgendwann war es soweit, dass sie sich verbanden und einen Kokon in die Erde legten, aus dem wenige Wochen später kleine Regenwürmer krochen.

Patrik erzählte seine Geschichte jedem, dem er begegnete. Er warnte alle, aber ganz besonders seine eigenen Kinder, nicht leichtsinnig an die Oberfläche zu kriechen, auf der Suche nach Abenteuern.

* * *

Doch ab und zu sehen auch wir kleine Würmer auf dem Boden, die den Weg ins sichere Gras nicht zurückfinden. Wir sollten ihnen helfen und aufpassen, dass wir sie nicht leichtsinnig zertreten, damit sie vielleicht ebenso viel Glück haben, wie Patrik in seinem Regenwurmleben.

Die drei Mäusedetektive - ein gelungener Tag

Am Ufer eines Baches steht eine kleine Kirche. Sie ist schon so alt, dass sich der Putz von den Wänden löst und große Löcher in den Steinmauern klaffen. Durch diese Öffnungen kommen wir bequem in jeden Raum des Gotteshauses.

Wir, das sind drei kleine Mäuse. Flip, mein jüngerer Bruder, ist ziemlich dick, denn er frisst sehr gerne. Ich habe ihm schon so oft gesagt, dass er nicht alles in sich hineinstopfen darf, was er findet, aber er hört nicht so wirklich auf mich. Dann ist da noch Charly. Eines Tages stand er vor uns und fragte nach etwas Käse. Nachdem wir ihm einen Happen abgegeben hatten, ist er einfach geblieben und wir sind Freunde geworden. Und mein Name ist Harry.

* * *

Die Geschichte, die ich erzählen möchte, liegt schon einige Zeit zurück. Unser Futter bekamen wir damals, ebenso wie heute, hauptsächlich aus der Küche. Diese befand sich in einem Anbau, der direkt an das

Kirchenschiff grenzte. Warum sich ausgerechnet dort die Küche befand, wusste keiner mehr genau. Es war schon immer so gewesen.

Das Pfarrhaus hatte man erst später, in einiger Entfernung, dazugebaut. Es musste ohne Küche auskommen. In der alten Kochstube gab es so viele Leckereien, dass wir manchmal nicht wussten, was wir zuerst ›vernichten‹ sollten. Die Pfarrersköchin, Frau Meier, war eine kleine, rundliche Frau, der man ansah, dass ihr das selbstgekochte Essen auch gut schmeckte.

Sie liebte uns drei sehr und verteilte oft Käsestückchen. Wir kamen dann immer aus unseren Verstecken, machten brav Männchen, wurden gestreichelt und fraßen uns satt. Wir hatten eine stille Abmachung mit Frau Meier, dass wir überall hin durften, nur nicht in die Speisekammer, denn dort wimmelte es nur so von Fallen.

Flip war einmal vor lauter Gier aus Versehen in eine hineingetappt. Doch unsere Frau Meier hat ihn wieder daraus befreit und war so lieb, dass er den Käse sogar behalten durfte. Verantwortlich für die vielen Fallen war der Pfarrer. Er mochte uns nicht, denn er hatte große Angst vor Mäusen.

Deswegen verschwanden wir immer schnellstmöglich, wenn er die Küche betrat. So lebten wir glücklich vor uns hin, hatten genug zu fressen, schliefen viel und waren auch sonst recht faul. Doch das sollte sich ändern.

* * *

Eines Tages bekamen wir Besuch. Die Tochter des Pfarrers hatte sich angekündigt. Viel wussten wir nicht über sie, nur, dass unsere neue Mitbewohnerin ein junges Mädchen war und ihren Vater noch nie zuvor besucht hatte. Geplant war, dass sie im Nebengebäude bei ihrem Papa leben sollte, aber dort durften wir sowieso nicht hin. Hätte der Pfarrer uns gesehen, hätte er uns sofort erschlagen.

So zog die Tochter also ein. Sie war ein dickes kleines Mädchen mit Zahnspange und sehr bösen Augen. Ich konnte sie auf Anhieb nicht leiden. Wenn sie so war wie ihr Vater, dann stand uns noch einiges bevor.

Und wie erwartet, vergingen die nächsten Tage dann auch tatsächlich nicht problemlos. Das Pfarrerstöchterchen war zwar nicht oft bei Frau Meier, doch immer, wenn das kleine Moppelchen kam, plünderte es den Kühlschrank. Das Fräulein aß so viel, dass Frau Meier nicht selten verzweifelt vor dem Kühlschrank stand und nicht mehr wusste, was sie kochen sollte. Wenn sie sich dann beim Pfarrer beschwerte, hörte er ihr gar nicht richtig zu, sondern verteidigte seine Tochter mit den Worten: »Sie muss ja noch wachsen!«

* * *

Genau in dieser Zeit geschah es immer öfter, dass die Spendenbox, auch Opferstock genannt, die am Eingang der Kirche stand und in die jeder seinen Teil zur Erhaltung des Gotteshauses beitragen konnte, leer war, oder dass eine beträchtliche Summe fehlte.

An einem Sonntag, als Frau Meier wie üblich mit ihrer altmodischen Schürze bekleidet in der Küche stand und ihren wunderbaren Käseauflauf zauberte, wurde die Tür aufgerissen und der Pfarrer stürmte mit grimmiger Miene herein.

»Frau Meier! Jetzt reicht es mir aber! Ich habe Sie wirklich als eine treue und aufrichtige Person kennengelernt. Sie kochen gut und auch sonst waren sie immer loyal zu mir. Doch das schlägt jetzt dem Fass den Boden aus. Schon wieder ist die Spendenbox leer. Wie sollen wir denn da die Kirche erhalten? Es kommen immer weniger Besucher und die wenigen, die noch großzügig spenden, werden beklaut. Wenn Sie zu wenig Geld haben, um Essen zu kaufen, dann sagen Sie es mir. Sie müssen mich doch nicht bestehlen! Ich werde mir das nicht länger anschauen und meine Konsequenzen ziehen!«, brüllte der Pfarrer, drehte sich herum und verschwand.

Frau Meier stand, wie vom Donner gerührt, am Herd und verstand die Welt nicht mehr. Mit offenem Mund starrte sie auf die Tür, die sich gerade mit einem lauten Knall geschlossen hatte.

»Aber ... ich war das nicht«, stammelte sie hilflos. »Ich würde Sie doch nie beklauen.« Tränen standen in ihren großen, gütigen Augen.

Wir drei Mäuse hatten alles mit angehört, saßen wir doch die ganze Zeit unter dem Herd. »Los, Jungs. Kommt mit. Wir müssen Frau Meier trösten«, rief ich und sprang zu ihr hinauf. Ich machte Männchen und fiepte leise. Doch Frau Meier stand so unter Schock, dass sie mich gar nicht bemerkte. Ich gab meine Versuche auf, rief meinen

Freunden zu, sie sollten mir folgen und wir verschwanden in unser Nest in der Mauer. Krisenrat.

»Wir müssen ihr helfen«, piepste Flip, der Angst um sein Essen hatte. »Wenn sie nicht mehr da ist, müssen wir verhungern!«

»Flip, reiß dich zusammen. Kannst du nur ans Essen denken?«, fragte ich wütend. »Natürlich müssen wir Frau Meier helfen. Das steht fest. Nur wie? Wer kann das ganze Geld genommen haben? Außer uns, dem Pfarrer und Frau Meier ist doch niemand hier.« Ich grübelte.

»Wartet«, rief Charly, der sich bis jetzt zurückgehalten hatte. »Das Mädchen ist doch auch noch da. Vielleicht hat sie das Geld gestohlen.«

»Ja, das ist *die* Idee! Super, Charly«, rief ich begeistert. So musste es sein. Doch wie konnten wir die Diebin überführen? Wie hatte sie das wohl gemacht? Mit ihren dicken Fingern kam sie nicht in den Behälter, in dem das Geld aufbewahrt wurde, und den Schlüssel hatten nur Frau Meier und der Pfarrer. Doch beide trugen ihn immer um den Hals. Da kam sie nicht dran. Ich stützte meinen Kopf auf die Pfoten und dachte nach. Leider fiel mir nichts ein.

»Ich kann nicht denken, wenn mir der Magen knurrt«, jammerte Flip. »Ich habe heute noch nichts gefressen und hier duftet es so herrlich nach Käseauflauf.« Er leckte sich die Lippen.

»Dass du immer nur ans Fressen denken kannst«, maulte ich. Aber er hatte ja recht. Wir hatten alle noch nichts im Magen. Gemeinsam machten wir uns auf und rannten in die Küche. Frau Meier hatte sich in ihr Zimmer zurückgezogen. Der Weg für uns war frei und so kletterten wir auf die Spüle und suchten nach etwas Fressbarem.

Plötzlich ging die Tür auf und das Mädchen stapfte herein. Sie öffnete den Kühlschrank und nahm den letzten Käse heraus. Mist, der war doch für uns. Sie stopfte ihn in ihre Tasche und verzog sich wieder.

»Was war das denn?«, fragte Flips. »Einfach unseren Käse klauen! So eine Gemeinheit. Die ist doch dick genug.«

»Ja, Flip, da hast du recht.« Ich konnte mir ein Grinsen nicht verkneifen. Ausgerechnet unser Dickerchen sagte so etwas.

»Was sollen wir nur tun?«, fragte Charly und riss mich aus meinen Gedanken. »Wir müssen uns etwas überlegen.«
»Ich schlage vor, die Verfolgung aufzunehmen und ihr den Käse wieder wegzunehmen«, meinte Flip trotzig.
Der Gedanke, dem Mädchen zu folgen, war gar nicht so schlecht. Vielleicht konnten wir so etwas über den Diebstahl herausfinden.
»Also gut«, rief ich. »Gehen wir.«

* * *

Ich sprang auf und stürmte los. Meine Freunde rannten hinter mir her. Flink liefen wir durch die Küche, quetschten uns durch den Spalt in der Mauer ins Freie und überquerten wagemutig die große Wiese vor dem Haus. Hier waren wir völlig ungeschützt. Für Vögel und andere Feinde hätten wir zu einer leichten Beute werden können, doch wir erreichten unbeschadet das kleine Häuschen, in dem der Pfarrer mit seiner Tochter wohnte. Flink kletterten wir auf den Fenstersims und schauten durch die kleinen Scheiben in die Wohnstube.

Dort saß nur der Pfarrer in seinem Sessel und schlief ruhig und selig. Hatte er denn kein schlechtes Gewissen, nachdem er so gemein zu Frau Meier war?

»Schaut mal, dort ist ein Fenster offen. Ich glaube, das führt in das Zimmer des Mädchens!«, rief Flip aufgeregt. Tatsächlich war die Scheibe vom Nebenzimmer nur angelehnt. Geschickt balancierten wir über die Fensterbretter und schauten neugierig in den engen Raum.

Das Mädchen beugte sich gerade über einen, von unserem Standpunkt aus nicht genau zu erkennenden Gegenstand, und sprach leise vor sich hin. Da wir nichts verstehen konnten, schlichen wir uns ganz vorsichtig durch den Fensterspalt, rutschten an einer Stehlampe herunter und versteckten uns hinter einem Papierkorb.

»Gut gemacht, kleine Maus. Dafür gibt es jetzt auch etwas zu fressen. Aber nur ein bisschen, damit du dünn genug bleibst, denn sonst passt du nicht mehr durch den Schlitz der Spendenbox und wärst mir keine Hilfe mehr. Dann müsste ich dich leider töten. Das wollen wir doch nicht, oder?« Das Mädchen kicherte schrill. Sie öffnete die Tür eines Käfigs. Darin saß tatsächlich eine Maus.

Die Behausung war völlig verdreckt, ebenso wie die Bewohnerin. Sie tat mir richtig leid. Gierig nahm das Mäuschen das winzige Käsestück, das ihr hingehalten wurde, und fraß es mit einem Happs auf. Hungrig schaute die Kleine das Mädchen an.

Doch die Mausnapperin hatte die Käfigtür bereits wieder geschlossen, saß auf ihrem Bett und zählte Geldscheine. Das konnte doch nicht wahr sein! Die arme Nagerin musste das Geld klauen, um etwas zu fressen zu bekommen. Wie hatte das fiese Mädchen die arme kleine Maus nur so weit treiben können, dass sie für sie stahl? Echt unglaublich. Aber für Käse machen wir Mäuse ja bekanntlich fast alles. Allerdings klauten wir nicht.

* * *

Nachdem das Kind seine Beute gezählt hatte, öffnete sie ein Fach unter dem Käfig und versteckte das Geld darin.

»Bald habe ich genug, um von hier abzuhauen. Ich kann die doofe Alte und den blöden Pfarrer nicht mehr ertragen. Die nerven mich. Außerdem ist er gar nicht mein leiblicher Vater. Das hat Mama ihm damals nur erzählt, weil er sie nicht heiraten, sondern lieber Pfarrer werden wollte. Die dürfen nämlich keine Familie haben.

So hat er ihr das Herz gebrochen.« Das Mädchen schniefte leise und ich musste schlucken. War sie doch nicht so fies, wie wir glaubten? Doch noch bevor ich den Gedanken zu Ende bringen konnte, fuhr sie mit ihrem Selbstgespräch fort. »Soll er nur in dem Glauben bleiben, mein leiblicher Vater zu sein und meiner Mutter monatlich Geld überweisen. Außerdem wird Mama stolz auf mich sein, wenn der Alte seine bescheuerte Kirche aufgeben muss, weil er sie nicht mehr reparieren kann. Dann hat er bekommen, was er verdient. Er hätte meine Mutter ja nicht sitzen lassen müssen. Das ist die gerechte Strafe.« Während das Mädchen so vor sich hinsprach, stand sie vor dem Spiegel und kämmte sich dabei hämisch grinsend ihre Haare.

* * *

Ich hatte genug gehört. Wir drei verständigten uns stumm, kletterten auf dem gleichen Weg wieder zurück aufs Fensterbrett und rannten über die Wiese. Ich war so wütend, dass ich gar nicht auf die über mir lauernden Gefahren geachtet hatte. Nachdem ich als Letzter durch das Mauerwerk geschlüpft war, hörte ich draußen ein wütendes Brüllen. Ein großer Vogel hatte nicht mehr bremsen können und war gegen die Mauer geprallt. Erschrocken drehte ich mich herum und sah den langen Schnabel, der vor unserem Eingang lag. Ich hatte den Schrecken noch nicht ganz verdaut, als der Vogel bereits wieder auf die Beine sprang, sich schüttelte und schimpfend davonflog. Puh, da hatten wir aber alle noch einmal Glück gehabt. Völlig erschöpft und außer Puste saßen wir wenig später in unserem Nest. Hunger hatte keiner mehr von uns.

* * *

Wir mussten uns etwas einfallen lassen, wie wir dem Pfarrer von den Gemeinheiten seiner vermeintlichen Tochter erzählen, Frau Meiers Unschuld beweisen und das arme Mäuschen aus den Fängen dieses Monsters befreien konnten.

Die Stunden verstrichen und es wurde dunkel. Zeit zum Abendessen. Uns war immer noch nichts eingefallen, trotz ausgiebiger Diskussion. Alle Ideen hatten wir wieder verworfen. Wir brauchten ein Wunder. Hehe, da waren wir in einer Kirche ja schon mal an der richtigen Stelle.

Nachdem Frau Meier den Tisch wieder abgedeckt und die restlichen Speisen im Kühlschrank verstaut hatte, sprangen wir zu ihr auf die Spüle.

»Ach, meine kleinen Freunde«, murmelte sie und zauberte noch drei Käsestücke für uns aus ihrer Küchenschürze. »Wenn ihr wüsstet, wie schlecht es mir geht. Aber ihr könnt mich ja nicht verstehen. Ich weiß nicht mehr, was ich machen soll. Jetzt will mich der Pfarrer auch noch kündigen. Was soll ich nur tun?« Schluchzend legte sie die Hände vors Gesicht. Da ging die Tür auf und das Mädchen kam herein. Sie sah, wie Frau Meier weinte, grinste breit und ihre bösen Augen funkelten. Schnell schlüpften wir in die Schürze der Köchin.

»Heute Abend ist ein Fest im Dorf. Dort werde ich hingehen und erst spät wiederkommen.«

»Aber du bist doch erst vierzehn Jahre«, sagte Frau Meier. »Das ist zu jung. Du kannst noch nicht so lange fortgehen. Was sagt dein Vater dazu?«

»Das ist mir völlig egal. Ich habe ihn nicht gefragt. Ich mache immer, was ich will.« Mit diesen Worten warf sie die Küchentür lautstark ins Schloss und war weg. Frau Meier stöhnte schwer.

»Das ist unsere Chance, Jungs!«, rief ich plötzlich. »Ich habe da eine Idee! Wir müssen Frau Meier in das Zimmer des Mädchens locken, um ihr das Versteck zu zeigen. Dann kann sie dem Pfarrer Bescheid geben. Er wird wissen, was zu tun ist!« Ich kletterte durch die Bluse auf die Schulter von Frau Meier und fiepte ihr laut ins Ohr. Charly sprang auf den Boden und hüpfte auf und ab, sodass sie ihn sehen musste.

»Oh, was macht ihr da?«, rief sie. »Ihr wisst doch, dass ihr euch verstecken müsst.«

Charly rannte vor unserer Menschenfreundin auf und ab und immer wieder zur Tür. Nun hüpften auch Flip und ich auf den Boden. Gemeinsam standen wir drei Mäuse am Zimmerausgang und sprangen aufgeregt herum. Endlich verstand Frau Meier. Mühsam stand sie auf und folgte uns. Sie öffnete die Tür und trat in den Garten. Das Licht im Nebengebäude brannte, also saß der Pfarrer wohl wieder einmal vor dem Fernseher und schaute einen Krimi. Er liebte das.

Frau Meier begriff, dass sie zu ihm gehen sollte. Sie streckte ihre Hand aus und wir schlüpften in ihre Kittelschürze.
»Kommt, Jungs. Für euch ist es wegen der vielen Vögel zu gefährlich, allein über die Wiese zu laufen. Sie könnten euch fressen.« Die Gute wusste gar nicht, wie recht sie hatte.
Gemeinsam gingen wir hinüber. Doch vor der Tür sprang ich aus ihrer Tasche direkt auf das Fensterbrett des Kinderzimmers. Erschrocken hielt sie mich fest, als ich abzurutschen drohte. Das Fenster war immer noch offen. Flink kletterten meine Freunde und ich ins Zimmer, rutschten erneut an der Stehlampe herunter und rannten weiter bis zum Käfig. Die geheime Schublade stand einen winzigen Spalt offen und ich quetschte mich hinein. Frau Meier beobachtete uns gespannt von ihrem Platz am Fenster. Die Maus, die in dem Käfig wohnte, schien zu schlafen, denn sie kam nicht heraus. In der Schublade fand ich einen zusammengerollten Geldschein, wickelte meinen Schwanz darum, zog ihn hervor und hob meine Beute triumphierend in die Luft. Nun endlich verstand Frau Meier, was ich wollte. Ihre Gesichtsfarbe wechselte

von kreidebleich zu aschgrau und endete schließlich in einem tiefen Rot, das an eine überreife Tomate erinnerte. Wütend stapfte sie ins Pfarrhaus. Sie öffnete die Tür und wir hörten sie einige Worte mit dem Pfarrer wechseln. Wenig später kamen Schritte auf uns zu und wir versteckten uns wieder einmal hinter dem Papierkorb. Gerade noch rechtzeitig, bevor die Tür aufging.

»Da, Herr Pfarrer, sehen Sie? Ihre Tochter hat das Geld. Hier, in diesem Käfig ist alles versteckt. Ihre feine Tochter wusste, dass Sie Angst vor Mäusen haben und dass Sie nie an den Käfig gegangen wären. Die arme kleine Maus dort drin musste wohl das Geld klauen. Sehen Sie nur, wie krank und schmutzig das arme Ding ist.«

Von dem Lärm aufgeschreckt, war die kleine Maus nun doch aus ihrem Haus gekrabbelt, in der Hoffnung, etwas zu Fressen zu bekommen. Der Pfarrer war sichtlich schockiert, als er das viele Geld und die arme Maus sah.

»Frau Meier, bitte entschuldigen Sie, dass ich Sie verdächtigt habe. Aber ich konnte doch nicht ahnen ... Jetzt befreien Sie erst einmal dieses Geschöpf Gottes, bevor es stirbt.«

Frau Meier öffnete den Käfig, nahm die kleine Maus auf die Hand und gab ihr ein großes Stück Käse. Nun ergriffen auch wir unsere Chance. Ganz vorsichtig schauten wir hinter dem Papierkorb hervor.

»Da sind ja noch mehr von diesen Tieren!«, staunte der Pfarrer mit großen Augen. Frau Meier bückte sich und hob uns auf.

»Ja, lieber Herr Pfarrer. Diese Tierchen sind meine Freunde. Sie haben mich zu dem Versteck geführt. Ich bin ihnen sehr dankbar.«

Stolz schaute sie auf uns herab. Und wir schauten genauso stolz zurück.

»Ist ja gut, Frau Meier. Ich habe etwas bei Ihnen gutzumachen. Sie dürfen Ihre Mäuse behalten und ihnen auch ab und zu einen Käse geben. Aber wehe, ich finde sie in meiner Kirche oder der Vorratskammer ...!«

»Ja, natürlich. Ich werde mich darum kümmern. Und die Kleine werde ich erst einmal aufpäppeln, damit sie nicht stirbt.«

Sie streichelte uns, steckte Flip, Charly und mich in die eine Tasche und die Mäusedame in die andere und ging lächelnd aus dem Zimmer.

Wir hatten den Fall gelöst!

Als das Mädchen gegen Mitternacht nach Hause kam, wartete schon die Polizei. Sie erschrak sich furchtbar und leistete keinen Widerstand, als sie abgeführt wurde.

* * *

Doch das interessierte uns alles nicht wirklich. Wir drei hatten nur Augen für die schöne Mausedame und kümmerten uns fürsorglich um sie. Selbst Flip gab ihr großzügig dicke Stücke von seinem Käse ab. Bald war sie wieder auf den Beinen und zog bei uns ein. So hatten wir nicht bloß den Fall gelöst, sondern auch eine neue Freundin gewonnen. Das nenne ich mal einen gelungenen Tag.

Der Käfer, der seinen Punkt verlor

Es war ein heißer Sommertag und die Sonne schien von einem strahlend blauen Himmel. Alle Tiere im Garten stöhnten unter der Hitze und hatten sich in die Schatten der Bäume und Sträucher zurückgezogen. Auch der kleine Marienkäfer Bill kauerte auf einem Blatt im Schatten und döste vor sich hin. Er war ein stattlicher kleiner Käfer mit einem wunderschönen, glänzenden roten Panzer und zwei tiefschwarzen Punkten auf seinem Rücken. Diese liebte er über alles und war sehr stolz auf sie. Wenn er an die zwei Punkte dachte, fühlte er sich nicht so allein. Sie sahen aus, wie zwei freundliche, große Augen.

Oft saß er einfach nur da und erzählte ihnen, was er am Tag so alles erlebt hatte. Von den gefährlichen Begegnungen mit Vögeln und Fröschen, denen er entkommen war, da er so schnell fliegen konnte, von anderen Käfern, die ihn wegen seiner zwei Punkte auslachten und ihn für komisch hielten, oder von den Blattläusen, die er alleine gefressen hatte.

Vor nicht allzu langer Zeit hatte er sein Futter noch mit anderen Käfern geteilt, mit ihnen zusammen gesessen und sich unterhalten. Das hatte sich geändert. Früher hatte er sehr gerne geteilt, glaubte er doch, dass die anderen Käfer ihn dann lieber mochten und seine Freunde sein wollten. Allerdings musste er schmerzlich erkennen, dass dem nicht so war. Sie fraßen sich satt, verschwanden sofort wieder und ließen ihn hungrig und einsam zurück. Bill verstand ihr Verhalten nicht, gab er doch immer alles, was er konnte. Doch die anderen Käfer lachten ihn nur aus und nannten ihn einen Angstkäfer. Das stimmte auch irgendwie. Er war zwar nicht besonders mutig, doch seine Schnelligkeit hatte ihm schon mehrmals das Leben gerettet. Oft hatte er mit ansehen müssen, wie einige seiner mutigen Artgenossen im Flug geschnappt wurden, wenn sie sich zu weit hinauswagten und nicht auf die Gefahren achteten. Diesem Schicksal war der kleine Marienkäfer bisher entgangen und er hatte auch nicht vor, sich irgendwann fressen zu lassen. Er war zwar nicht mehr der Jüngste, doch hatte er bisher immer gut auf sich und seine zwei Punkte aufgepasst.

Auch heute, als er träge im Schatten einer Linde auf einem der Blätter saß und über die Hitze stöhnte, redete Bill leise mit seinen beiden Punkten.

»Ihr seid immer für mich da, liebe Pünktchen. Keiner meiner angeblichen Freunde ist hier. Niemand will mit mir spielen und ich fühle mich so einsam. Es ist so heiß und ich habe solchen Hunger, aber ich will heute nicht fliegen.“

Traurig schaute er in die Luft und dachte an seine Punkte. Sehen konnte er sie zwar nicht, doch er wusste genau, wo sie sich befanden und dass sie immer da waren. Er kannte sie aus den Erzählungen seiner ehemaligen Freunde. So oft hatten sie sich über ihn lustig gemacht, da er nur zwei Punkte besaß und nicht wie sie viel mehr. Sie behaupteten immer, so sei er gar kein richtiger Glückskäfer.

* * *

Die Dämmerung brach herein und es wurde merklich kühler. Der kleine Käfer musste wohl eingeschlafen sein, denn sein knurrender Magen weckte ihn.

»Zeit zum Fressen«, teilte er seinen Punkten mit, reckte müde seine Beinchen und stand auf, um loszufliegen. Im hinteren Teil des Gartens hatten sich schon einige seiner Artgenossen auf mehreren Pflanzen versammelt und waren dabei, sich an den dort krabbelnden Blattläusen satt zu fressen.

Gezwungenermaßen setzte er sich auf ein nahe gelegenes Blatt, grüßte freundlich und schnappte sich eine Laus. Doch keiner grüßte zurück, obwohl sie ihn kannten. Enttäuscht drehte er ihnen seinen Rücken zu und hörte sie gehässig kichern. Einige seiner Artgenossen, die mehr Punkte als er auf dem Rücken trugen, traf man nur in Grüppchen an, denn sie fühlten sich als etwas Besseres. Glückliche Glückskäfer.

Bill seufzte schwer und versuchte nicht hinzuhören. Er hasste es, wenn er mitbekam, wie sie über andere Käfer schimpften und lästerten. Er mochte das nicht und hielt sich lieber aus allem raus. Da er aber zwangsläufig in ihrer Nähe sein musste, um zu fressen, bekam er so einiges mit.

Da waren ihm seine zwei Punkte lieber. Die redeten nicht schlecht über ihn, waren immer für ihn da und hörten ihm zu. Auf sie konnte er sich verlassen, schließlich waren sie angewachsen.

Allerdings war es nicht so, dass er noch nie Freunde gehabt hatte. Immer wieder versuchte er, sich mit anderen Käfern zu unterhalten und auch Freundschaften zu schließen. Doch es war nie lange gutgegangen. Entweder wurden sie von Vögeln gefressen, schlossen sich anderen Gruppen an oder verschwanden ganz einfach. Einmal dachte er, er hätte seinen besten Freund gefunden. Einen coolen, jungen Käfer, der auch nur zwei Punkte besaß. Mit ihm hatte er viel gelacht und über seine Punkte geredet, hatte er doch geglaubt, gerade sein Freund würde ihn verstehen. Doch auch von ihm war er enttäuscht worden. Irgendwann hatte er sich neue Freunde gesucht, ohne sich zu verabschieden. Er hatte einfach nicht mehr mit ihm geredet.

* * *

Über all das dachte Bill nach, während er auf seinem Blatt saß und die Läuse verspeiste. Einen nach dem anderen, er hatte echt Hunger. Die Sonne würde bald untergehen und färbte alles in ein magisches Orange. Die Pflanzen warfen lange Schatten. Noch immer saßen die anderen Käfer in seiner Nähe, doch ihr Gekicher wurde immer lauter und nerviger.

Bill schaffte es nicht mehr, sie zu ignorieren, also drehte er sich so, dass er ihre Worte besser verstehen konnte.
»Hi hi, seht euch mal den Käfer dort drüben an. Bill heißt er, glaube ich«, sagte ein Artgenosse bösartig.
»Ja, den kennen wir. Der ist so komisch, redet immer nur mit seinen Punkten«, sagte ein anderer.
»Genau, den meine ich. Aber sieh doch nur. Er hat nur noch einen Punkt auf seinem Rücken. Das sieht total komisch aus. Ist der krank?«, fragte der erste wieder und Bill erschrak. Sie redeten von ihm.
»Ich weiß es nicht, Holger. Aber der war schon immer anders. Er wollte mal mein Freund sein, doch mit so einem komischen Käfer wollte ich mich nicht abgeben. Vielleicht hatte ja der eine Punkt auch genug von seinem Gerede und ist einfach verschwunden«, sagte ein anderer lachend.
»Ach, lasst mich doch in Ruhe. Was gehen euch meine Punkte an. Ihr habt ja so viele. Kümmert euch um eure Sachen«, rief Bill zornig. Doch innerlich war er ganz aufgewühlt. War dort tatsächlich nur noch ein Punkt zu sehen? Wo war der andere hin, sein treuer Begleiter? Hatte er ihn auch verlassen? Bill krümmte sich auf

seinem Blatt zusammen und weinte leise. Die Sonne schien sanft auf seinen Rücken und es war merklich kühler geworden. Er hätte sich einen warmen Platz für die Nacht suchen müssen, doch er traute sich nicht aufzustehen. Vielleicht würde ja sein Punkt zu ihm zurückkommen, wenn er nur lange genug wartete. Bill brauchte ihn doch. Mit wem sollte er sich sonst unterhalten? Er fühlte sich schrecklich allein.

Die anderen Käfer hatten sich bereits zurückgezogen, um Schutz vor Vögeln und Spitzmäusen zu suchen, doch Bill war so mit sich selbst und seinem Verlust beschäftigt, dass ihm alles egal war und er nicht mehr auf seine Feinde achtete.

Plötzlich hörte er einen dunklen Laut neben sich und schrak zusammen. Ein großer grüner Frosch war auf das Blatt neben ihm gesprungen. Er musste aus dem nahe gelegenen Teich gekommen sein, auf der Suche nach Tierchen wie ihm.

Doch kurz bevor der Frosch seine lange Zunge ausfahren konnte, erwachte Bill aus seiner Starre, richtete sich auf und schrie den Frosch an.

»Was? Fressen willst du mich? Dass ich nicht lache. Ich bin doch gar kein richtiger Glückskäfer. Sieh hin, ich habe nur einen Punkt! Ich schmecke dir nicht. Ich bin kaputt.«
Der Frosch hielt irritiert inne und schaute ihn ganz verdutzt an. »So so, kein richtiger Käfer also. Ich habe noch nicht viele Käfer gesehen, aber du siehst doch ganz normal aus. Ich habe Hunger und werde dich jetzt fressen. Da ist mir doch egal, wie du aussiehst!« Er öffnete sein Maul und ... wurde von einem großen schwarzen Vogel geschnappt, der ihn hoch in die Luft riss.
»Wow, das nenne ich aber Glück, kleiner Käfer«, sagte ein dünnes Stimmchen und Bill sah sich suchend um. Er konnte gar nicht fassen, was eben passiert war. Ein Blatt ganz in seiner Nähe bewegte sich und darunter kam ein junger Käfer zum Vorschein. »Hey du. Ich beobachte dich schon eine ganze Weile. Du bist echt mutig, wenn du dich so mit einem Frosch anlegst. Von wegen, kein richtiger Käfer. Du bist der mutigste, den ich je gesehen habe.« Er breitete seine Flügel aus und flog neben ihn aufs Blatt. Bewundernd betrachtete er Bill von allen Seiten. »Wer sagt denn so etwas überhaupt?«

»Na, sieh mich doch an. Ich habe nur einen Punkt. Die anderen Käfer lachen über mich und sagen, dass mein Punkt mich verlassen hat, weil er mich nicht mehr mag.«
»Auf so einen Blödsinn hörst du?«, fragte der jüngere Käfer erstaunt und Bill nickte schüchtern. Ja, auf so einen Blödsinn hörte er. Schließlich konnte er nicht wissen, ob sie die Wahrheit sagten oder nicht.
Mittlerweile war die Sonne untergegangen, doch der runde, volle Mond spendete ihnen Licht. »Die anderen reden Quatsch. Vielleicht ist ihnen die Hitze nicht bekommen oder sie wollten dich nur ärgern. Für mich bist du ein Held. Willst du mein Freund sein?«
Bill starrte den kleineren Käfer aus großen Augen an und fühlte sich plötzlich ein wenig stolz. »Echt? Meinst du? So etwas hat noch nie jemand zu mir gesagt. Klar will ich dein Freund sein. Mein Name ist Bill und wie heißt du?«
»Hi, Bill. Mein Name ist Tim. Und sieh nur, ich habe vier Punkte auf dem Rücken. Soll ich dir einen abgeben?« Er lachte ausgelassen und Bill stimmte mit ein, wusste er doch genau, dass dies nicht möglich war und sein neuer Kumpel ihn nur trösten wollte.

Die ganze Nacht hindurch unterhielten sie sich und erzählten sich abwechselnd von ihren bisherigen Abenteuern. Sie verstanden sich blendend und als die Sonne die Nacht vertrieb, flogen sie gemeinsam davon, um ungestört weiterzureden.

* * *

Es dauerte nicht lange, da wurden die beiden Käfer echte Freunde. Sie lachten viel, teilten ihr Fressen und wärmten sich gegenseitig an kühlen Tagen und Nächten. Oft flogen sie gemeinsam durch die Lüfte, jagten einander und Bill hatte endlich einen Sinn in seinem Leben gefunden. Er musste auf seinen neuen Freund aufpassen und ihn vor allen Gefahren beschützen. Er war nicht mehr ängstlich, denn Tim hatte ihn als Helden kennengelernt, der sogar einem Frosch die Stirn bot. Selbstbewusst trat er auf und ließ sich nicht mehr von den anderen Käfern ärgern. Er ignorierte sie einfach. Auf Tim konnte er sich verlassen. Er war glücklich, endlich einen wahren Freund gefunden zu haben, der mit ihm durch dick und dünn flog.

So geschah es, dass Bill seinen zweiten Punkt vollkommen vergaß.

Tim hingegen wusste genau, dass sein Freund zwei Punkte auf seinem Rücken trug, und dass die anderen Käfer ihn damals nur ärgern wollten. Er hatte so mit dem Rücken in der Sonne gesessen, dass sie seinen Punkt auf der einen Seite nicht sehen konnten.

Für Tim war Bill ein wahrer Held und der beste Freund, den er sich vorstellen konnte.

Ein wahrer Glückskäfer.

Die Schnecke, die nicht fressen wollte

Es war eine schöne, warme Frühlingsnacht, als vierzig winzige Babyschnecken das Licht der Welt erblickten. Das zarte Haus, das sie auf ihrem Rücken trugen, war noch ganz dünn und zerbrechlich, doch sie waren so hungrig, dass sie sofort begannen über große Steine und feuchte Erde zu kriechen, um an das schmackhafte grüne Gras zu gelangen, das ihnen am besten schmeckte. Alle wussten genau, dass sie ganz schnell groß und kräftig werden mussten, um ihr Haus, das sie als Rückzugsort nutzten, zu festigen. Das würde zwar noch drei Jahre dauern, aber die kleinen Weichtiere spürten, dass nur ihr Haus sie vor dem Austrocknen schützen konnte.

* * *

Als der Frühling verging und der Sommer kam, wurden die Tage länger und die Nächte kürzer. Da Schnecken nachtaktiv sind, waren die Kleinen nun seltener unterwegs, um sich etwas zum Fressen zu suchen. Nur an Regentagen sah man sie dennoch über die Wiese kriechen. Ein paar ganz vorwitzige Schneckenkinder hatten am Rande des großen Gartens ein Beet mit Salat gefunden und freuten sich sehr darüber, denn der schmeckte ihnen noch besser als Gras und Blätter.

* * *

So kam es, dass sich eines regnerischen Nachmittages einige Schneckenkinder trafen, um gemeinsam die Salatblätter zu fressen. Unter ihnen war auch Sandy. Sie hatte es sich am Fuße einer riesigen Salatpflanze gemütlich gemacht und hörte zwei kleinen Schneckenkindern zu, die sich ganz in der Nähe befanden und mit ihren winzigen Hornzähnchen ein saftiges grünes Blatt knabberten.

»Hast du schon gehört? Hier soll es eine Igelfamilie geben, die Jagd auf uns macht«, sagte die eine Schnecke kauend.

»Oh ja, davon habe ich gehört«, erwiderte die andere schmatzend. »Aber auch die nervigen Vögel sind nicht zu unterschätzen. Wir müssen wirklich vorsichtiger sein. Erst gestern ist Erwin von einem erwischt worden.«

»Echt? Der Erwin? Schade um ihn«, meinte die erste Schnecke wieder, ohne sich von ihrem Leckerbissen abzuwenden. »Aber solange wir uns hier unter den dicken grünen Blättern verstecken und nicht zu neugierig sind, dürfte nichts passieren«, fuhr sie fort. »Außerdem haben wir ja unsere Häuser, die uns schützen, stimmt's?«

»Erwin hat sein Haus nicht geschützt«, nuschelte die zweite Schnecke. »Aber, weil wir gerade beim Thema Häuser sind, da fällt mir was ein. Kennst du die dicke Sandy, die hier auch immer abhängt und unseren Salat frisst? Ihr Haus ist viel größer als unseres.«

»Klar, kenne ich die. Die ist so dreist, dass ...«

»Psst, sei still. Da hinten ist sie«, warnte die erste Schnecke zischend. Sandy, die bisher der Unterhaltung nur stumm gelauscht und ihr keine große Beachtung geschenkt hatte, hob plötzlich den Kopf und blickte zu den beiden ›Lästerschnecken‹ hinüber.

»Hey, Sandy!«, rief da auch schon die erste Schnecke. »Hör auf, uns die besten Blätter wegzufuttern. Du bist ohnehin schon so dick, du brauchst das nicht. Siehst du nicht, dass wir viel kleiner sind als du?«

Die andere Schnecke stimmte zu und rief: »Oh ja, Sandy. Du bist viel zu fett. Mach mal eine Diät.«

Dann kicherten beide Schneckenkinder. Sandy erschrak über die gemeinen Worte ihrer Artgenossen, blickte auf die kleineren Schnecken hinunter und merkte, dass sie recht hatten. Sie war viel dicker und größer. Stimmte etwas nicht mit ihr? Aber sie musste doch fressen, denn sie hatte solchen Hunger.

»Ja, ihr habt recht. Ich bin wirklich zu dick«, antwortete Sandy traurig. »Ihr könnt mein Blatt haben, Freunde«, sagte sie geknickt, bevor sie sich hungrig und traurig in ihr Schneckenhaus zurückzog. Ihre Freunde waren ihr wichtiger als das Grünzeug. Sie wollte sie nicht verärgern. Durch die dünnen Wände ihres Hauses konnte sie immer wieder Wortfetzen zwischen dem lauten Schmatzen und dem Gelächter hören.

* * *

Als es Abend wurde erwachte Sandy aus einem unruhigen Traum. Vorsichtig streckte sie ihre Fühler aus und checkte die Lage. Die Sonne stand tief am Himmel und die Regenwolken waren verschwunden. Die anderen Schnecken hatten sich in ihre Häuser zurückgezogen, schliefen und verdauten ihr Futter. Auch von der Igelfamilie war weit und breit nichts zu sehen. Sandy atmete ein paar Mal tief ein und aus. Sie hatte solchen Hunger, dass ihr beinahe schlecht war. Was sollte sie jetzt nur machen? Heimlich von dem Salatblatt fressen, das vor ihr lag? Oder doch lieber fasten, wie die kleinen Schneckenkinder es ihr geraten hatten? Vorsichtig kroch sie einige Zentimeter voran. Sie fühlte sich so schwach und der Hunger war so stark, dass sie nicht anders konnte, als ihre Zähne in das saftige Grün vor sich zu schlagen. Erst langsam, dann immer gieriger, begann sie zu fressen.

»Hmm, ... das tut gut«, murmelte sie vor sich hinkauend.

Die Nacht war hereingebrochen und im Schutze der Dunkelheit fühlte sie sich sicher. Nachdem ihr größter Hunger gestillt war, kroch sie an den anderen Rand des Beetes, außer Sichtweite der ›Lästerschnecken‹, die wohl doch nie ihre Freunde werden würden, und in den frühen Morgenstunden zog sie sich vollkommen erschöpft in ihr Haus zurück.

Wenn sie mich nicht sehen, dann können sie mir auch nicht verbieten zu fressen, dachte sich Sandy und lächelte zufrieden, bevor sie erneut einschlief.

Am nächsten Abend, als die Dämmerung hereinbrach, erwachte Sandy hungrig. Vorsichtig streckte sie ihre Fühler aus und blickte sich nach eventuellen Feinden um. Doch kein Vogel, kein Frosch oder gar Igel war weit und breit zu sehen. Ihren Diätvorsatz und den Zwischenfall vom vergangenen Tag hatte sie schon beinahe wieder vergessen, als sie sich einem Salatblatt näherte und kräftig hineinbiss.

»Oh, Sandy, du gierige Riesenschnecke. Was machst du da?«, hörte sie plötzlich eine bekannte Stimme und erstarrte in der Bewegung. Das Stückchen Blatt noch immer zwischen den Zähnen, wendete sie ihren Kopf und erblickte die beiden Schneckenkinder, die sie böse anstarrten.

»Bist du immer noch hier? Geh weg, du verfressene, dicke Schnecke. Du gehörst nicht zu uns. Nimm ab, du fettes Ding und verschwinde endlich.«

»Aber ... ich muss doch was fressen«, stammelte Sandy und ein dicker Kloß breitete sich in ihrem Maul aus. Sie spuckte das letzte Stückchen Salat wieder aus.

»Aber nicht hier! Das ist unser Salat. Wenn du so weiterfrisst, dann platzt du irgendwann und der ganze

Schleim verseucht unser Futter«, schrie die erste Schnecke wütend, deren Name Sandy noch nicht einmal kannte.

»Bist du gemein«, kicherte die zweite.

»Aber ich habe doch recht, oder? Die Dicke gehört nicht zu uns. Die soll sich schleichen«, erwiderte die erste Schnecke.

Sandy hatte endlich begriffen. Hier war sie unerwünscht. Ohne ein weiteres Wort, kroch sie mit hängendem Kopf über den Rand des Beetes davon. Die Sätze der ›Lästerschnecken‹ hatten sie so sehr verletzt, dass sie beschloss, ab sofort überhaupt nichts mehr zu fressen.

* * *

In den nächsten Nächten schleppte sie sich an den Rand des Gartens, aus dem man sie so gemein vertrieben hatte und in dem keiner ihr Freund sein wollte. War sie wirklich so anders, wie die fiesen Schneckenkinder ihr vorhielten? Auf ihrer Wanderung kam sie an vielen grünen Pflanzen und Gräsern vorbei, doch der Hunger war ihr vergangen. Sie war einfach zu traurig. Keiner liebte und verstand sie. Von Tag zu Tag wurde Sandy immer dünner, doch ihr Haus wurde nicht kleiner.

Im Gegenteil. Doch das nahm Sandy nicht mehr bewusst wahr. Sie war so am Ende ihrer Kräfte, dass sie bald nicht mehr kriechen konnte und sich fast nur noch in ihrem Haus aufhielt. Ihr war es mittlerweile egal, ob Vögel, Igel oder andere Feinde sie fanden. Sie war viel zu schwach, um sich darüber Gedanken zu machen.

* * *

Einige Zeit später, die Sandy wie eine kleine Ewigkeit vorkam, war sie so hungrig, dass sie es nicht mehr aushielt. *Nur einen Grashalm. Ein winziges Stück*, dachte Sandy ganz verzweifelt. *Ein Grashalm kann nicht schaden. Ich bin auch schon viel kleiner geworden und habe doch solchen Hunger,* redete sie sich ein. Mühsam streckte sie ihren Kopf aus dem Haus und begann ganz langsam zu fressen. *Oh, wie gut das tut*. Erst nach einigen Bissen erkannte Sandy, wie notwendig das Gras, das sie kaute, für ihren Körper war. Es schmeckte wunderbar. Viel besser als der doofe Salat.

»Hey, wer bist du denn?«, wollte eine unbekannte Stimme hinter ihr wissen. *Oh je, schon wieder jemand, der mich nicht fressen lassen will*, dachte Sandy panisch und zog sich flink in ihr Schneckenhaus zurück. Warum hatte man nirgends seine Ruhe? Sie wollte doch niemandem etwas wegfuttern. Es gab doch wirklich genug Gras auf dieser Wiese. Den Tränen nahe, verschloss sie ihren Eingang und verhielt sich ganz still. Plötzlich wackelte ihr Haus merklich und sie spürte, dass sich etwas Schweres auf ihr befand. Vielleicht ein Igel, der sie fressen wollte? Oder ein Vogel? Am ganzen Leib zitternd, überlegte sie fieberhaft, was sie nun machen konnte.

»Klopf, klopf«, hörte sie erneut die Stimme. »Ich bin auch eine Schnecke und tu dir nichts. Ich will nur reden.« Vor Erleichterung, dass es doch kein Vogel war, hätte sie beinahe laut gelacht. Doch was wollte das fremde Wesen auf ihrem Haus? Ihrem Rückzugsort? Das sollte verschwinden! Jetzt sofort! Ihre Erleichterung wandelte sich in Wut.

»Runter von meinem Haus!«, rief sie durch die Kalkwände ihrer Behausung.

»Erst, wenn du dich blicken lässt«, kam die Antwort auch prompt und Sandy blieb nichts anderes übrig, als vorsichtig ihren Kopf durch die Öffnung zu schieben.

Neugierig sah sie sich um. Und tatsächlich, da kroch eine andere Schnecke auf ihrem Dach herum.

»Ach, da bist du ja endlich«, sagte die Stimme und lachte. »Dann kann ich ja wieder herunterkommen. Warum verkriechst du dich in deinem Haus, wenn ich mit dir rede?«

»Weil du mir bestimmt auch nur sagen wolltest, dass ich zu dick bin und dir das Gras nicht wegfressen soll«, verteidigte sich Sandy mit schwacher Stimme. »Und komm endlich runter, du bist wirklich schwer«, setzte sie nach, jedoch etwas forscher. So etwas hatte sie auch noch nie erlebt. Dieses Tier war ganz schön frech.

»Nur keine Hektik, Kleine. Ich bin ebenfalls eine Schnecke und wie du selber wissen solltest, sind wir nicht die Schnellsten. Aber ich bin ja schon fast unten. Wie heißt du denn?« Zwei freche Schneckenaugen blickten sie an.

»Mein Name ist Sandy«, nuschelte Sandy.

»Hi, Sandy«, grinste die Schnecke breit und kroch direkt vor sie. »Mein Name ist Chrissy. Schön, dich kennenzulernen.« Sandy musterte Chrissy mit großem

Erstaunen. Diese Schnecke war noch viel größer und dicker als sie. Wie war das möglich?

»Erklär mal, Sandy … Wie hast du das vorhin gemeint, als du sagtest, du bist zu dick?«, begann Chrissy. »Wer sagt denn so einen Schwachsinn überhaupt? An dir ist doch nichts dran.«

»Die haben das gesagt ...«, begann Sandy weinerlich und wäre beinahe wieder in ihr Haus zurückgekrochen. Sie wollte nicht diskutieren. Aber halt mal. Was hatte die fremde Schnecke gesagt? An ihr sei nichts dran? »Die kleinen Schneckenkinder aus dem Salatbeet dort drüben haben das gesagt. Sie meinten, ich sollte Diät machen, weil ich viel größer bin als sie.«

»Sie haben … Was? Das kann doch nicht wahr sein!« Chrissy begann herzhaft zu lachen und konnte beinahe nicht mehr aufhören.

»Was bitte, ist daran so komisch? Hör auf zu lachen. Glaubst du mir etwa nicht?«, zischte Sandy sie böse an. Eine Mischung aus Wut und Verunsicherung machte sich in ihr breit.

»Aber nein«, presste Chrissy, noch immer glucksend, heraus. »Natürlich glaube ich dir. Aber sie haben dich

veräppelt.« Mühsam unterdrückte sie ihr Lachen und fuhr, nun im ernsten Tonfall, fort. »Liebe Sandy, hör mir mal zu. Die Schnecken, die dir das sagten, waren bestimmt Gartenschnecken, stimmt's?«
Sandy nickte nachdenklich. »Ja, kann schon sein, warum?«
»Weil die viel kleiner sind als wir. Die wollten den Salat nur für sich haben. Und du hast denen geglaubt und wärst fast verhungert. Oh, man. Wie gut, dass ich dich noch rechtzeitig getroffen habe. Wir sind Weinbergschnecken. Wir sind so groß! Die haben uns gar nichts zu sagen.«
Sandy lauschte ihrer Erklärung und ganz langsam verstand sie, was Chrissy ihr damit sagen wollte. »Echt? Und ich habe ganz umsonst gehungert?«
»Ja, sieht so aus. Du bist so dünn, dass du noch nicht einmal ein schmackhaftes Futter für die Vögel abgibst. Wobei wir das ja nun auch nicht wollen, oder?«, versuchte sie zu scherzen. »Jetzt friss erst mal ordentlich und dann ruhen wir uns aus. Keine Angst, kleine Sandy. Ab jetzt passe ich auf dich auf und achte darauf, dass du

wieder zu Kräften kommst.« Chrissy zwinkerte Sandy zu und schob ihr einen Grashalm herüber.
»Danke«, murmelte Sandy und biss herzhaft in das Grün. Endlich durfte, nein musste, sie fressen.
»Nichts zu danken, Schnecki«, lächelte Chrissy und knabberte nun ihrerseits an einem Grashalm. Als beide satt waren, begann Chrissy aus ihrem Leben zu erzählen. Von Vögeln, die sie fressen wollten, von giftigem Blaukorn, an dem einige ihrer Freunde gestorben waren, und auch von einem Regenwurm namens Patrik, den sie mal getroffen hatte und der auf der Suche nach dem Ende der Welt gewesen war.
»Kannst du dir das vorstellen?«, fragte sie lachend.
»Nicht wirklich«, lächelte Sandy, der es langsam besser ging. »Und, hat er es gefunden?«
»Nein. Natürlich nicht. Aber er wäre beinahe von einem Vogel gefressen worden, weil er sich zu hoch auf eine Blume gewagt hat. Es ist gerade noch einmal gut gegangen. Ich habe ihn neulich erst getroffen und er hat es mir erzählt. Aber er hat eine neue Freundin gefunden. Toll, was?«

»Oh, wie wunderbar«, lächelte Sandy und war tief beeindruckt. Der Regenwurm hatte also eine Freundin gefunden. Und sie? Vielleicht würde Chrissy auch zu ihrer neuen Freundin werden und sie wäre nicht mehr so allein. Ob sie die andere Schnecke fragen sollte? Chrissy hatte so lebhaft erzählt, dass Sandy ihre eigenen Probleme plötzlich ganz klein vorkamen.
»Oh, wie dumm ich doch war, auf die kleinen Schneckenkinder zu hören«, seufzte sie. »Es gibt so viel Schlimmeres auf der Welt.«
»Keine Sorge, kleine Sandy. Ab jetzt wird dich keiner mehr verletzen. Ich verspreche dir, dass ich auf dich aufpassen werde, damit du genug frisst und dich keiner unserer Feinde erwischt. Schließlich sind wir jetzt Freunde. Gemeinsam schaffen wir das. Wir zwei, du und ich. Willst du meine Freundin sein?« Chrissy grinste breit und Sandy strahlte sie an.
»Oh ja. Sehr gerne. Lass uns Freunde sein.«
»Weißt du«, begann Chrissy nachdenklich, »mir hat man mal erklärt, dass die eigenen Probleme für einen selber immer die schlimmsten sind. Solange, bis man über die Grenzen hinausschaut und erkennt, dass das alles gar

nicht so tragisch ist. Und schon gar nicht zu zweit. Gemeinsam können wir jedes Problem lösen, wenn wir nur wollen. Freunde sind füreinander da und helfen sich gegenseitig.«
So hatte Sandy das noch nie gesehen, doch in ihrem Inneren wusste sie, dass ihre neue Freundin die Wahrheit sagte. Freundschaft war das Wichtigste auf dieser Welt und sie nahm sich vor, eine gute Freundin zu sein. Sie würde Chrissy helfen, wann immer diese ihre Hilfe brauchte, würde ihr Futter mit ihr teilen und gemeinsam würden sie viele Abenteuer bestehen. Sie freute sich schon sehr darauf.
Und als die Sonne am Horizont versank, schliefen die zwei neuen besten Freundinnen eng aneinander gekuschelt ein. Beide mit einem glücklichen Lächeln im Gesicht.

Stony auf der Reise des Glücks

Die Sonne schien von einem strahlend blauen Himmel, einige Vögel zogen ihre Kreise um die verschneiten Bergspitzen und der Schnee blitzte an manchen Stellen noch vollkommen unberührt hervor. Es herrschte eine ruhige und entspannte Atmosphäre, bis plötzlich ein Ruck durch eine lockere Steinansammlung ging. Erst langsam, dann immer schneller begannen sie zu rutschen und sausten unter ohrenbetäubendem Lärm ins Tal hinab. Viele der größeren Felsbrocken zerschlugen und landeten am Fuß des Berges, wo sie liegen blieben. Andere plumpsten in den nahe vorbeifließenden Bach, dessen Quelle sich unweit der Bergspitze befand. Unter ihnen war auch ein besonders hübscher Stein, der ein bisschen wie ein Herz aussah.

* * *

Stony war ganz verdutzt, als er plötzlich ins Wasser plumpste. Bis vor wenigen Augenblicken hatte er sich, zusammen mit vielen seiner Freunde, am Südhang des Berges die Sonne auf den Rücken scheinen lassen und vor sich hingedöst, als er vom frischen, kühlen Bergquellwasser umspült in diesem Flussbett lag und sich erstaunt umblickte. Wo war er hier gelandet? Den Bach kannte er nur aus weiter Entfernung und nun lag er mittendrin. Und er war ganz alleine. Nun ja, nicht ganz, denn um ihn herum gab es viele seiner Art, doch er erkannte keinen. Traurig stellte er fest, dass er von seinen Freunden getrennt worden und nun auf sich alleine gestellt war.

* * *

Die Sonne versank schnell hinter dem Bergmassiv, das er noch bis vor kurzem seine Heimat nannte, und die Spitzen leuchteten, als wären sie mit flüssigem Gold überzogen. Stony seufzte auf. Nun war er hier und musste sich erst einmal zurechtfinden. Was sollte er nur machen? Ein leises Schluchzen unterbrach seine Überlegungen und er drehte sich etwas in die Richtung, aus der das Geräusch kam, um es besser hören zu können. Täuschte er sich? Nein, denn in der Dämmerung erkannte er einen anderen kleinen Stein, der nur Zentimeter von ihm entfernt lag und weinte.

»Hey, du«, sprach er den Stein, der eine ähnliche Herzform wie er besaß, einfach an. »Wer bist du und warum weinst du?«
»Ich weiß nicht, wo ich bin«, schniefte er. »Mein Name ist Even.«
»Hi, Even. Mein Name ist Stony. Aber du musst nicht weinen. Ich weiß zwar auch nicht, was genau geschehen ist, aber so schlimm kann es nicht sein.«
Da meldete sich noch eine weitere Stimme. »Ich glaube, ich weiß, was passiert ist«, sagte ein großer weißer Stein, der schon lange hier liegen musste. Er war an einigen Stellen mit Moos bewachsen. »Mein Name ist Bernd. Vor langer Zeit hatte mir mal ein Vogel erklärt, dass es alle hundert Jahre dazu kommt, dass genau an dieser Stelle die Steine zu rutschen beginnen und in den Bach fallen.«
»Echt? Ist ja cool. Aber warum ist das so? Weißt du das auch?«, fragte Stony neugierig und der alte Felsbrocken räusperte sich.
»Verstehen kann ich es zwar nicht, aber der kleine Vogel, ein Rotkehlchen glaube ich, landete eines kalten Wintertages auf meinem Rücken und erzählte mir von

einem besonderen Zauber, der dafür verantwortlich ist, dass wir miteinander reden können und ihr Gefühle und ein Herz habt. Das hat nämlich nicht jeder von uns. Ihr zwei seid ganz besondere Steine! Der Vogel erklärte mir auch, dass es ab und zu vorkommt, dass wir Steine auf eine große Reise gehen müssen. Ich war ebenfalls einer von jenen, die aus dem Bergmassiv abstürzten, doch ich blieb hier liegen. Ganz im Gegensatz zu vielen meiner Freunde, die bereits gegangen sind. Sie waren auf einmal nicht mehr da und ich war ganz alleine.« Er seufzte auf und schwieg.

Stony und Even, der mittlerweile aufgehört hatte zu weinen, waren ganz leise, da sie ihn in seinen Überlegungen nicht unterbrechen wollten.

Plötzlich fuhr Bernd fort: »Und als ich den Vogel dann fragte, wo sie hingegangen seien, hat er mir berichtet, dass er von ›der großen Reise des Glücks‹ gehört hat. Es soll so sein, dass zuerst dieses Beben stattfindet, dann einige Steine im Bach landen und nur ein paar die Ehre erhalten, diese Reise anzutreten. Den Sinn dahinter kann ich euch nicht erklären, den müsst ihr alleine herausfinden.«

»Wir sollen etwas Besonderes sein?«, fragte Stony ungläubig.

»Wir sind etwas Besonderes«, sagte Even, nun mit fester Stimme. »Hat Bernd doch gerade erklärt. Wir können reden und denken. Und wir haben ein Herz. Ich kann es fühlen. Du auch?«

Stony spürte in sich hinein und ja, auch er erkannte einen Herzschlag und lächelte. Bernd sagte die Wahrheit, sie waren wirklich besonders.

»Mal sehen, was für Abenteuer wir auf unserer ›Reise des Glücks‹ erleben werden. Ich freue mich einfach darauf und vertraue dem Schicksal. Es wird schon wissen, was es tut«, fuhr Even fort und Stony war erstaunt über die weisen Worte seines neuen Freundes.

»Ja, warten wir ab, was passiert.«

* * *

Viele Monate vergingen und die drei Freunde verstanden sich prächtig. Sie lachten gemeinsam, erzählten sich lustige Geschichten und träumten von ihrer ›Reise des Glücks‹.

Eines Nachts, als der Vollmond besonders hell leuchtete und das Wasser wie flüssiges Silber glitzerte, sagte

Bernd: »Heute ist eine wundervolle Nacht, liebe Freunde. Könnt ihr es spüren? Vor genau einem Jahr seid ihr zu mir gekommen und es wird Zeit, dass ihr weiterzieht. Der Bach hat sich endlich soweit mit Schmelzwasser aus den Bergen gefüllt und ist zu einem Fluss geworden, damit er euch sicher tragen kann. Ich werde euch vermissen, Stony und Even. Viel Glück auf eurer Reise.«

Als hätte Bernd es geahnt, schwappte genau in diesem Augenblick eine große Welle über Stony und riss ihn mit sich fort. Er wurde gedreht, umhergewirbelt und schon bald war ihm schlecht von all dem Hin und Her. Stony schloss die Augen und versuchte, sich zu entspannen. Das Wasser des Flusses trug ihn immer weiter bergab. Einige Male kam er sogar zum Liegen. Meist am Grund des Flusses. Dann konnte er sich ausruhen und von den Strapazen erholen. Doch nie für lange.

Die Tage und Nächte vergingen und er hatte sein neugewonnenes Zeitgefühl bereits wieder verloren. Früher war alles anders gewesen. Früher? Wie lange war das her? Der Sturz in den Bach und damit seine Verwandlung zu einem ›besonderen Stein‹ kamen ihm schon ewig vergangen vor.

Besonders, ha!, dachte er oft. *Was soll an mir denn besonders sein? Ich bin ein Stein, wie viele andere auch, und diese rasante Reise ist nun wirklich nicht so schön, als dass man sie unbedingt erleben müsste. Mir ist schlecht, mir tut alles weh und ich fühle mich allein.* Traurigkeit machte sich in seinem kleinen Herzen breit und er wünschte sich sehnlichst, endlich einmal für längere Zeit ausruhen zu können. Diese Flussreise wurde ihm langsam echt zu viel.

Als hätte das Schicksal seinen Wunsch erhört, passierte es tatsächlich, dass seine wilde Reise ihn an einen Wasserfall brachte, den er mitsamt den tosenden Wassermassen hinabstürzte, bevor er auf einem kleinen Kiesbett landete. Halb benommen blieb er liegen.

»Aua, man«, brummte Stony, »das tat echt weh.« Doch der Brocken, auf den er gefallen war und der nur einige Zentimeter aus dem Fluss ragte, befand es scheinbar nicht für nötig, sich bei Stony für die Schmerzen zu entschuldigen. Jedenfalls sagte er kein Wort. Oder er konnte einfach nicht sprechen. War ja nicht jeder so ›besonders‹ wie er, Even oder Bernd.

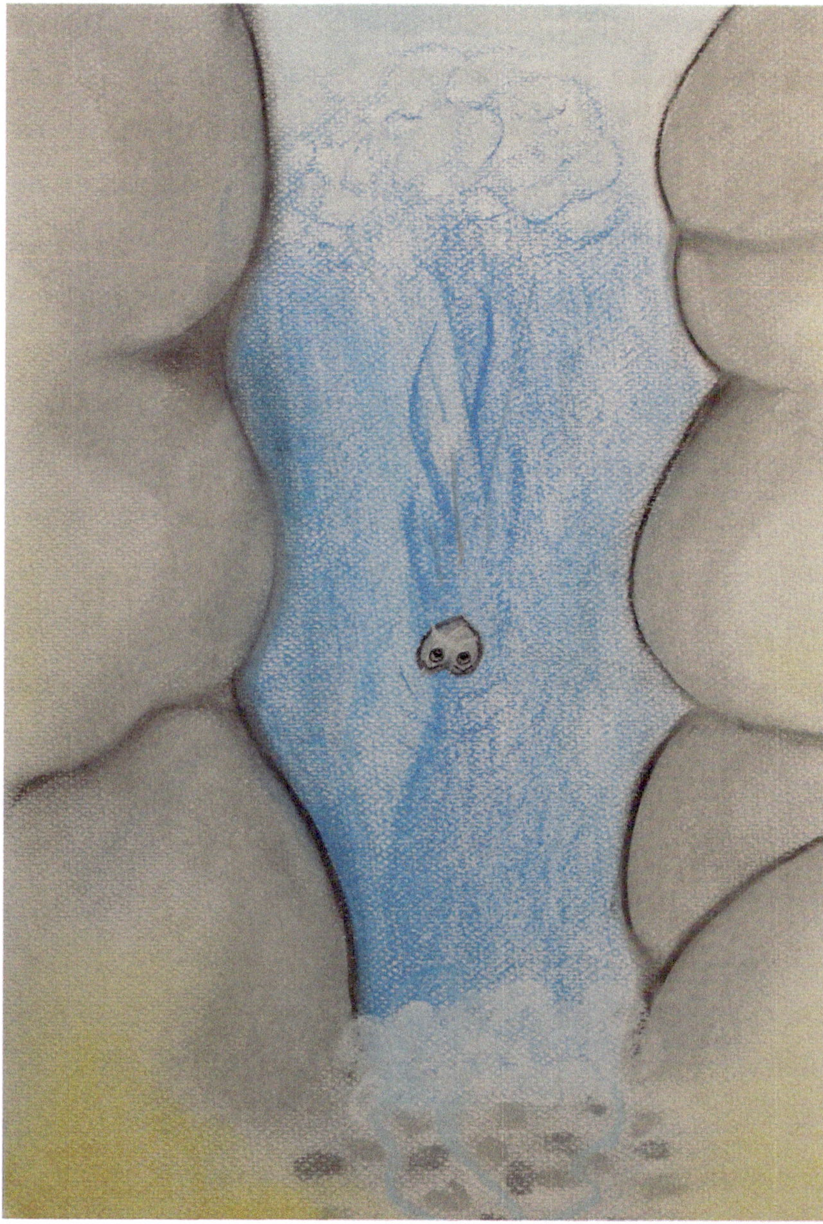

Nach einem langen, unruhigen Schlaf, in dem er von seinem Freund Even geträumt hatte, erwachte er und schaute sich neugierig um. Ganz viele andere Steine lagen um ihn herum, doch keiner von ihnen sprach ein Wort. Wo war er hier nur gelandet? Er vermisste seinen Kumpel Even sehr, hätte er sich doch gerne mit ihm unterhalten.
Noch bevor er zu Ende gedacht hatte, hörte er, nicht weit entfernt, ein leises Flüstern. Bisher lag sein Blick immer auf anderen Steinen, doch es gab scheinbar noch viele andere Dinge, die sprechen und die er verstehen konnte, wie zum Beispiel die wispernden Gräser und Blumen, die dicht am Ufer des Flusses standen. Stony lenkte seine Aufmerksamkeit zu ihnen und hörte, wie sie ich angeregt über den bevorstehenden Winter unterhielten, der wieder sehr kalt werden würde und das Leben vieler auszulöschen drohte.
Stony war ganz erschüttert über ihre Worte, verstand er doch nichts von Pflanzen im Allgemeinen und Blumen im Besonderen und ihrer scheinbar kurzen Lebensdauer. Sie sprachen vom Verblühen und von Wiederauferstehung im nächsten Frühjahr.

Stony, der zwar sehr neugierig war und gerne mehr davon erfahren hätte, traute sich jedoch nicht, die zarten Pflänzchen anzusprechen. Er kam sich viel zu plump und unbeholfen vor. Also hörte er auf zu lauschen, schloss erneut seine Augen und dachte wieder an Even, seine Heimat in den Bergen und an die Worte des Brockens Bernd.

* * *

Stony erwachte von einem glockenhellen Kichern. Was war das? Wer war das? Es klang nicht nach den Blumen. Angstvoll hielt er seine Augen noch eine Weile geschlossen, bis er eine sanfte Berührung auf seinem Bauch spürte. Diese kitzelte ihn und nur mit Mühe konnte er ein Lachen unterdrücken.

»Hatschi«, erklang es von dem Wesen und Stony öffnete vorsichtig die Augen. Eine zarte Schneeflocke saß auf ihm, zusammen mit vielen anderen ihrer Art. Schnee kannte er. Aus seiner Heimat, den Bergen. Schneeflocken gab es nur im Winter. Zu Millionen fielen sie vom Himmel und hüllten alles in glitzerndes Weiß. Dann kamen immer die vielen Menschen in die Berge und fuhren auf Brettern die Hänge hinunter. Er hatte sie nur aus der Ferne gesehen, waren sie doch uninteressant für ihn gewesen. Ein erneutes Niesen riss ihn aus seinen Gedanken. Glücklich, endlich etwas Vertrautes um sich zu haben, mit dem er reden konnte, traute er sich, sie anzusprechen.

»Hey, du bist eine Schneeflocke, richtig? Du bist so zart und wunderschön«, sagte Stony mit bemüht sanfter Stimme. Er ahnte unbewusst, dass diese Wesen sehr empfindsam waren.

»Huch«, erwiderte eine der größeren Schneeflocken erstaunt. »Hört mal, Mädels, der Stein spricht mit uns. Na sowas? Das ist uns ja noch nie passiert.« Sie kicherte wieder.

»Ja, mein Name ist Stony und ich bin etwas ganz Besonderes«, hörte er sich selber sagen. Warum erzählte er diesen Flocken das?

»So, so«, sagte die Schneeflocke wieder. »Etwas Besonderes. Wir sind auch besonders. Stimmt's, Mädels?« Die anderen Flocken kicherten zustimmend. Scheinbar konnten sie nur kichern. »Wir kommen aus den Wolken und unser Weg war sehr weit.«

»Ich komme aus den Bergen«, meinte Stony. »Mein Weg war auch weit.«

»Ach ja, die Berge. Davon haben wir auch schon gehört. Doch ich selber war noch nie dort.«

»In den Bergen ist es schön«, begann Stony, doch die kleine Schneeflocke hörte bereits nicht mehr zu. Sie hatte sich von ihm abgewandt und unterhielt sich wieder mit ihren Freundinnen. Kichernd, natürlich. Immer mehr und mehr der zarten Wesen fielen vom Himmel und bald bedeckten sie die ganze Umgebung. Stony, dem das Verhalten sehr unverschämt vorkam, hatte nun auch keine Lust mehr, weiter mit ihnen zu plaudern.

* * *

Lange Zeit lag Stony einfach nur so da, starrte ab und zu in den Himmel oder träumte sich mit den Wolken davon. Ihm war schrecklich langweilig. So hatte er sich seine ›Reise des Glücks‹ nicht vorgestellt. Er wollte doch etwas sehen, etwas erleben, Abenteuer bestehen, doch das schien hier nicht möglich zu sein.

Die Schneeflocken hatten ihn schon lange wieder verlassen, als plötzlich ein Vogel herangeflogen kam und sich ausgerechnet auf seinen Bauch setzte. *Das ist die*

Gelegenheit, dachte Stony. Er hatte während seiner Zeit auf der Kiesbank schon viele Vögel gesehen, doch nie zuvor war ihm einer so nahe gekommen. Zwar hatte er etwas Angst vor dem großen Schnabel, der ihm so spitz erschien, doch er nahm all seinen Mut zusammen.

»Hallo. Du bist ein Vogel, oder? Wo kommst du her?«, fragte er vorsichtig. Der Vogel, der gerade sein Gefieder gereinigt hatte, schaute sich verdutzt um.

»Hallo? Wer spricht da?«, krächzte er.

»Hier! Hier unten bin ich. Du sitzt auf mir.« Der Vogel hatte mit dem Putzen aufgehört, neigte seinen Kopf und sprang erschrocken zur Seite.

»Was, zum Geier ...« Verwundert schüttelte er sich und wollte bereits wieder losfliegen, als Stony nochmals verzweifelt rief: »Hey, warte doch mal. Sag mir doch, wer du bist und wo du herkommst. Mein Name ist Stony und ich bin ein ganz besonderer Stein.«

Der schwarze Vogel faltete seine bereits ausgebreiteten Schwingen wieder zusammen und legte seinen Kopf schief, um Stony eingehender zu betrachten. »Hallo, Stony«, sagte er schließlich und dem Angesprochenen fiel sprichwörtlich ein Stein vom Herzen. Der Vogel würde sich mit ihm unterhalten. Endlich. »Ich bin eine Schwalbe und gerade von meiner Reise aus dem Süden zurückgekommen.«

»Aus dem Süden? Wo ist das denn?«, fragte Stony neugierig.

Der Vogel stieß ein helles Lachen aus. »Ach, natürlich, entschuldige. Du bist ja ein Stein und kennst die Länder hinter den Bergen nicht. Ich vermute, du kommst aus den Alpen, habe ich recht?«

»Ich weiß es nicht«, gab Stony zu. Er hatte keine Ahnung, wie genau die Berge genannt wurden, in denen er zuhause gewesen war.

»Na, ist ja auch egal«, fuhr der Vogel fort. »Der Süden liegt hinter den Bergen. Ganz weit im … na, Süden eben. Weißt du, im Winter ist es uns hier zu kühl. Wir brauchen Wärme. Doch jetzt ist es Frühling und da kommen wir wieder zurück.«

»Wow«, staunte Stony ganz begeistert. »Ich bin auch auf einer Reise. Auf der ›Reise des Glücks‹.«

»Ach, und wo willst du hin?«, fragte der Vogel erstaunt. »›Reise des Glücks‹ klingt spannend.«

»Ehrlich gesagt, weiß ich es nicht.« Stony seufzte schwer und erzählte dem Vogel von den Abenteuern, die er bisher erlebt hatte. »Und so bin ich hier gelandet. Geht es denn noch weiter?«

Der Vogel lachte laut und schrill. »Aber natürlich, kleiner Stony. Du hast noch nicht viel gesehen. Kennst du schon die Menschen oder Hasen und Füchse und …«

»Halt!«, rief Stony. »So viel gibt es noch zu sehen? Wie soll ich das denn alles schaffen? Ich liege nun schon seit einem Winter hier. Mit den Blumen konnte ich nicht reden und auch die Schneeflocken wollten nichts mit mir zu tun haben. Ich will wieder weiter. Aber allein schaffe ich es nicht zum Fluss. Hilfst du mir?« Stony schaute den Vogel bittend an.

Dieser überlegte kurz. »Okay, pass auf. Ich habe eine Idee. Könnte aber etwas wehtun.« Dann nahm er Stony mit seinem Schnabel hoch, breitete seine Flügel aus und erhob sich in die Lüfte. Direkt über der Mitte des Flusses ließ er ihn fallen. Mit einem lauten Platschen landete Stony und hörte gerade noch die Worte des Vogels: »Ich wünsche dir von Herzen viel Glück auf deiner Reise.

Vielleicht sieht man sich mal wieder«, bevor er von der Strömung erfasst und mitgerissen wurde.
Der Fluss hatte so viel Wasser und es floss so schnell, dass Stony schon wieder schwindelig wurde. *Hört das denn nie auf? Diese Reise ist wirklich beschwerlich. Da hat es der Vogel besser. Er sieht alles von oben und ich nur dieses graue Wasser,* dachte er missmutig.

* * *

Wie viel Zeit vergangen war, konnte Stony nicht sagen, doch auf einmal war es vorbei. Er wurde von einem Strudel unter Wasser gezogen und lag plötzlich tief am Grund des Flusses, zwischen vielen anderen Steinen sicher verankert und bewegte sich nicht mehr. »Endlich ausruhen«, murmelte Stony vor sich hin, bevor er in einen traumlosen Schlaf fiel.
Auf einmal bemerkte er, wie sich etwas an ihm rieb. Von der sanften Berührung auf seiner Oberfläche wachte er auf. Voller Angst ließ er die Augen geschlossen und hoffte, dass es aufhören würde. Doch das Reiben wurde immer heftiger und er schaukelte leicht hin und her, bis er es irgendwann nicht mehr aushielt.

»Hör auf damit. Mir ist schon ganz schlecht«, machte er sich bemerkbar und erstarrte. Direkt vor ihm befand sich ein großes, rundes Auge, das ihn neugierig musterte. Was war das denn?

»Blubb«, machte das Ding. »Mit was soll ich aufhören?«

»Dich an mir zu kratzen. Ich bin doch nur ein runder Stein«, antwortete Stony mit dünnem Stimmchen. Er hatte Angst vor dem großen Tier, das er noch nie gesehen hatte.

»Ach so, entschuldige bitte, blubb. Aber ich bin ein Fisch. Wir machen das so. Bisher hat sich noch keiner beschwert. Was bist du denn für ein komischer Stein, blubb?«

»Ich bin nicht komisch. Ich bin besonders.«

»Aha, ein besonderer Stein, blubb«, antwortete der Fisch grinsend und verzog sein Maul. »Was ist denn so besonders an dir?«

»Ich bin ein sprechender Stein und ich habe ein Herz. Wenn das nicht besonders ist, dann weiß ich auch nicht«, entgegnete Stony furchtlos. Seine Angst war einer bohrenden Neugier gewichen, wollte er doch so gerne mehr von diesem Tier erfahren. »Ich komme aus den

Alpen und bin auf meiner ›Reise des Glücks‹«, plapperte er munter weiter. »Ich will die Welt kennenlernen. Kennst du die Welt? Kannst du mir etwas erzählen?«

»Oh, blubb«, antwortete der Fisch erfreut und schwamm einige Zentimeter von Stony weg. »Wie wunderbar. Da bist du genau an den Richtigen geraten. Ich kenne sie alle. Ich habe auch schon Menschen gesehen.« Blubbernd erzählte er Stony von großen Städten, in denen die Menschen wohnten, von kleinen Grünflächen mit bunten Blumen und Bäumen darauf, von verschiedenen Tieren, die er beobachtet hatte und von vielen anderen Dingen. Er schilderte ihm alles so lebhaft, dass Stony gespannt lauschte.

Das alles wollte er auch sehen und noch so viel mehr.

»Und manche Menschen sitzen am Fluss und halten einen langen Stock hinein, an dem ein Wurm zappelt. Sie wollen uns Fische damit fangen«, beendete er seine Ausführungen und lachte. »Doch mich haben sie nie erwischt, weil ich zu klug bin, blubb.«

»Wieso willst du denn nicht erwischt werden? Ich dachte, bei den Menschen ist es so spannend. Ist das falsch?«, fragte Stony neugierig. »Ich kenne sie nur aus der Ferne.«

Der Fisch lachte blubbernd. »Nein, kleiner Freund. Du hast schon recht, bei den Menschen ist es spannend. Aber nicht für mich. Mich würden sie essen. Aber du bist nur ein Stein. Dich wollen sie nicht haben.« Er schwamm noch einmal auf Stony zu und stupste ihn an. »Vielleicht findest du ja einen Menschen, der dich doch haben will. Vielleicht wirst du ja für einen von ihnen ein Glücksbringer, wer weiß?«

»Ein Glücksbringer? Oh, das klingt toll. Aber wie soll das gehen? Woher soll ich wissen, was ich machen muss, wenn ich einem Menschen begegne?«

»Du hast ein Herz, hast du gesagt? Also hör auf dein Herz, kleiner Freund. Es wird dir den richtigen Menschen zeigen. Ich wünsche dir viel Glück auf deiner Reise. Aber nun muss ich weiter, blubb.«

»Aber ... Wie soll ich denn auf mein Herz hören? Es spricht doch nicht mit mir«, fragte Stony zweifelnd, doch der Fisch gab keine Antwort mehr. Stattdessen stupste er Stony an, trug ihn so an die Oberfläche und beförderte ihn mit Schwung vom Grund des Flusses auf einen

vorbei schwimmenden Ast. »Damit du auch etwas sehen kannst«, kommentierte der Fisch sein Verhalten und tauchte unter.
»Danke«, rief Stony ihm freudig hinterher.

* * *

Von hier aus hatte er eine fantastische Aussicht auf die Umgebung, an der er vorbeitrieb. Dieses Mal jedoch langsamer und erheblich entspannter als zuvor. Er sah Wiesen auf der rechten und Felder auf der linken Seite. Mehrmals führte der Fluss, der mittlerweile sehr breit geworden war, sogar durch Städte und Dörfer. Er trieb unter Brücken hindurch, erkannte hohe Gebäude und bunte Gärten, sowie einige Boote, an denen er dicht vorbeigetragen wurde. Staunend saugte er all diese Eindrücke, von denen ihm der Fisch erzählt hatte, in sich auf.
Oft sah er jetzt auch Menschen, die sich bei schönem Wetter am oder im Wasser tummelten. Er erkannte, dass es große und kleine, dicke und dünne, schwarze und weiße gab, die fröhlich plantschten oder sich ganz still verhielten. Des Nachts, wenn die Lichter der Städte seine Reise erhellten oder die Sterne über ihm lustig funkelten,

dachte er über die Worte des Fisches nach. Sollte das der Sinn dieser Reise sein? Einen Menschen zu finden, um ihn glücklich zu machen? War er ein Glücksstein?

* * *

Die Tage flossen mit dem Wasser dahin und er näherte sich immer weiter dem rechten Ufer des Flusses, bis sich der Ast, auf dem er lag, auf einer Sandbank verkeilte und liegenblieb.

Es war ein wunderschöner, warmer Sommerabend und von seinem Platz aus konnte er einige Menschen sehen, die im Schein von Lagerfeuern saßen und sich unterhielten. Ein großer Mensch hatte sogar ein hölzernes Ding in der Hand, mit dem er Musik machte und dazu sang. Die Stimmung war so friedlich, dass Stony sich auf Anhieb wohlfühlte. Wie gerne hätte er seinen Freund Even bei sich gehabt, dem er von seinen Abenteuern erzählen konnte. Doch die Steine, die sich rings um ihn befanden, waren keine besonderen. Sie konnten nicht reden, hatten keine Gefühle und kein Herz so wie er.

Traurigkeit mischte sich mit Sehnsucht, als er plötzlich einen Schrei vernahm. Die Stimme kam ihm vage bekannt vor. Und tatsächlich ... Das konnte doch nicht wahr sein! Even! Unter ihm lag ein Stein, der ebenso herzförmig geformt war wie er und blickte zu ihm hinauf. Es war wirklich Even. Zum Glück lag Stony am Rande des Astes, sodass er sich fallenlassen konnte und direkt neben seinem Freund landete, der ihn herzlich begrüßte.

»Hi, du«, lachte Stony. »Was für ein Zufall. Ich habe dich total vermisst und muss dir so viel erzählen.«

»Oh, Stony, wie cool. Ich bin auch glücklich, dich hier zu treffen. Endlich ein bekanntes Gesicht«, sagte Even freudig. »Dann fang mal an.«

Stony ließ sich nicht lange bitten. Wortreich schilderte er seine Begegnungen mit den traurigen Blumen, den kichernden Schneeflocken, der Schwalbe, die aus dem Süden kam, und zuletzt mit dem Fisch, der ihn zum Nachdenken angeregt hatte. »Der Fisch meinte, ich soll auf mein Herz hören und vielleicht werde ich dann zu einem Glücksstein. Und du vielleicht auch.«

»Echt? Das wäre so cool.« Even klang begeistert. »Glaubst du wirklich, das ist unsere Aufgabe?«

»Kann doch sein, oder? Das wäre genial. Aber jetzt bist du dran. Wie ist es dir ergangen?«

Mittlerweile war die Sonne verschwunden und die beiden Freunde lagen dicht an dicht neben dem Baumstamm in fast vollkommener Dunkelheit. Nur ein paar Sterne blinkten am Himmelszelt.

»Ein Glücksstein. Oh ja, das wäre wirklich wundervoll«, stimmte Even zu und begann nun seinerseits von der ›Reise des Glücks‹ zu berichten, die mindestens ebenso spannend war wie Stonys.

»Was meinst du, Even, geht unsere Reise noch weiter oder werden wir bald von einem Menschen gefunden und können ihm Glück bringen?«, fragte Stony nachdenklich, während am Himmel die Sonne bereits wieder aufging. Sie hatten die ganze Nacht geredet.

»Keine Ahnung«, gähnte Even. »Warten wir es ab. Das Schicksal hat uns bis hierher gebracht und es wird schon wissen, was gut für uns ist. Alles kommt, wie es kommen soll, Stony.«

»Stimmt«, gähnte nun auch Stony und drückte sich noch etwas näher an seinen Freund, glücklich, ihn wieder gefunden zu haben.

So lagen sie einige Tage, unterhielten sich über ihre Erlebnisse während ihrer Reise und auch über ihre

Zukunftsträume, irgendwann ein Glücksstein zu werden. Sie bestaunten die Menschen, die oftmals dicht an ihnen vorbeiliefen, sie jedoch nie beachteten und lauschten ihren Gesprächen.

»Sieh mal, das Mädchen dort«, sagte Even plötzlich aufgeregt und Stony folgte seinem Blick. »Das Kind sucht doch irgendwas, oder? Vielleicht wird sie uns finden.«

»Meinst du?«, fragte Stony etwas unsicher.

»Oh ja. Ich denke, sie ist der Mensch, dem wir Glück bringen könnten. Sie sieht so traurig aus. Findest du nicht?«

In diesem Augenblick hob das Kind einen Stein hoch, betrachtete ihn lange und warf ihn dann in den Fluss.

»Na, ich weiß nicht«, murmelte Stony misstrauisch.

»Doch, doch. Sieh nur. Sie ist auf der Suche. Ich kann das fühlen«, entgegnete Even mit einer Gewissheit in der Stimme, die Stony überraschte.

Doch plötzlich spürte er es auch. War das der Moment, den der Fisch gemeint hatte, als er sagte, Stony solle auf sein Herz hören? Er konnte die Traurigkeit des Mädchens fühlen und hatte plötzlich das unheimliche Bedürfnis, ihr zu helfen.

»Du spürst es auch, stimmt's, Stony?«, fragte Even leise, da das Kind immer näher kam.

»Oh ja. Ich glaube, das wird unser Herzensmensch werden«, bestätige Stony flüsternd.

Wenige Augenblicke später war das Mädchen dicht bei ihnen, setzte sich auf den Ast und legte den Kopf in ihre Hände. Gedankenverloren starrte sie auf den vorbeifließenden Fluss.

»Menno, ist das alles kompliziert.« Das Mädchen seufzte und eine dicke Träne rollte über ihre Wange. »Ich könnte wirklich ein bisschen Glück gebrauchen.«

Als Stony und Even das hörten, strahlten sie sich gegenseitig an.

»Ja, das ist der Mensch, der unsere Hilfe braucht«, flüsterte Even.

»Und wie willst du ihr helfen?«

»Weiß nicht. Das wird sich schon zeigen. Jetzt müssen wir erst einmal entdeckt und mitgenommen werden.«

Genau in diesem Augenblick sah das Mädchen zu ihnen herunter und ihre Augen weiteten sich.

»Oh! Wow, was ist das denn? Zwei Steine in Herzform. Das habe ich ja noch nie gesehen.« Ein Lächeln trat auf ihr Gesicht und sie hob erst Stony, dann Even hoch, legte sie in ihre Handinnenfläche und betrachtete sie. »Wahnsinn. Die zwei sehen wirklich wie zwei Herzen aus«, murmelte sie leise vor sich hin. Dann strich sie sanft mit ihrem Zeigefinger über die beiden. »Ihr zwei sollt ab sofort meine Glücksbringer sein. Vielleicht könnt ihr mir ja bei meinem Problem helfen.« Mit diesen Worten ließ sie die beiden Steine gemeinsam in ihre Jackentasche gleiten und stand auf, um nach Hause zu gehen.

Stony und Even lagen dicht an dicht in der weichen, dunklen Höhle, fühlten sich sehr wohl und waren endlich glücklich.

* * *

So wurden aus zwei gewöhnlichen Steinen aus den Bergen zwei herzförmige Glücksbringer.

Alle hundert Jahre, so sagt man, geschieht ein Wunder und Steine erwachen zum Leben. Sie beginnen ihre ›Reise des Glücks‹ und enden, wenn das Schicksal es so will, bei einem Menschen, der würdig ist, sie zu finden

und zu behalten. Vielleicht gibt es noch mehr solcher Steine auf der Welt und sie werden von Menschen gefunden, die nach Glück und Liebe suchen.
Wer so einen Stein findet und ganz genau hinhört, ein reines Herz und viel Liebe in sich trägt, dem erzählt er vielleicht auch von seiner großen ›Reise des Glücks‹.

Über die Autorin:

1980 in Hamburg geboren, lebt Christina Stöger nun glücklich verheiratet im Süden Deutschlands.

Ob im Café oder beim Spaziergang mit ihrem Hund – immer ist sie bereit, von Freunden erlebte Geschichten, ebenso wie eigene Gedanken, mit großer Emotion zu Papier zu bringen.

Lyrik und Prosa schreibt sie mit viel Herz und Gefühl.

Seit 2010 widmet sie sich dem geschriebenem Wort.